Hermann Henn

Morde in Monaco
und andere Fälle von Céline Junot

Hermann Henn

Morde in Monaco

und andere Fälle von Céline Junot

Re Di Roma-Verlag

Bibliografische Information der Deutschen Nationalbibliothek:
Die Deutsche Nationalbibliothek verzeichnet diese Publikation in der Deutschen Nationalbibliografie; detaillierte bibliografische Daten sind im Internet über http://dnb.ddb.de abrufbar.

Handlungszusammenhänge und Personen
sind frei erfunden.
Ähnlichkeiten zu lebenden oder verstorbenen
Personen wären rein zufällig und
sind nicht beabsichtigt.

ISBN 978-3-86870-764-9

www.rediroma-verlag.de
8,95 Euro (D)

Ein Dank

Ein herzliches Dankeschön möchte ich all denjenigen sagen, die das Manuskript gelesen, sich mit den Inhalten befasst und mich durch Anregungen, Hinweise, Tipps, kritische Anmerkungen und ihre Expertise unterstützt haben: Anette, Andrea, Cäcilie, Grit, Ilka, Lela, Petra, Rainer, Susanne, Winni und Yvonne.

Mein ganz besonderer und herzlicher Dank gilt Vanessa B. Appoh, meiner Lektorin.

Inhalt

17. Oktober

»Aber am 17. Oktober muss ich unbedingt weit weg von hier sein«, meinte Céline. Jacques Tailleur hatte kurz zuvor bei der morgendlichen Dienstbesprechung berichtet, der Colonel, der Chef der monegassischen Polizei, habe sie beide gebeten, beim Fürsten zur Kriminalitätslage vorzutragen.

Monaco zählte sowohl den offiziellen Statistiken nach als auch was das subjektiven Sicherheitsempfinden anbelangte zu den sichersten Staaten der Welt. Dies habe man, so die offiziellen Kommentare der Verantwortlichen, zum einen der flächendeckenden Überwachung fast des gesamten Fürstentums mit Videokameras und zum anderen der weltweit höchsten Polizeidichte zu verdanken. In Monaco sah man eigentlich immer irgendwo einen Polizisten stehen. In dem zweitkleinsten Staat der Welt kamen ursprünglich auf 35.000 Einwohner 515 Polizisten, was einer Polizeidichte von 1:68 entsprach. In der Bundesrepublik Deutschland lag dieses Verhältnis – zum Vergleich – bei 1:372.

Diese 515 Planstellen waren auch die Größenordnung, die man im vor wenigen Wochen verabschiedeten Haushaltsplan für das kommende Kalenderjahr festgeschrieben hatte. Aber dies galt inzwischen nicht mehr – deshalb waren höchste Stellen, bis zum Fürsten hin, alarmiert.

»Und was ist am 17. Oktober um Himmels willen so wichtig, dass selbst ein Termin beim Fürsten ...«. Jacques Tailleur, Commandant der monegassischen Kriminalpolizei, konnte die angefangene Frage an seine neue Stellvertreterin Capitaine Céline Junot nicht zu Ende bringen. Der am Notruf diensthabende Brigadier kam in das Zimmer gestürmt.

»Mon Commandant, vite, vite. Es ist schon wieder passiert.«

Es passierte nun schon das dritte Mal innerhalb der vergangenen drei Wochen. Und das war auch der Grund, weshalb sie zum Fürsten sollten.

»Wollen wir einmal hoffen, dass die alte Bauernregel ‚aller guten Dinge sind drei' auch in dieser Sache gilt«, sagte Jacques zu seiner Stellvertreterin, als sie mit schnellen Schritten die Treppe in der Direction de la Sûreté Publique in der Rue Suffren-Reymond herunter in Richtung Innenhof gingen. Dorthin, wo die Fahrzeuge abgestellt waren.

Auf dem Weg zu dem an der Küste gelegenen Tatort fuhren Céline und Jacques durch die Prachtstraßen Monacos. Ferrari, Lamborghini, Porsche, Jaguar, Rolls Royce und Bentley beherrschten das Straßenbild. Das Blaulicht und die Polizeisirene verschafften dem silbermetallicfarbenen Mittelklasse-Citroën aber den erforderlichen Platz.

Céline, vor neunundvierzig Jahren als echte Monegassin in Monaco geboren, hatte nach dem Erwerb des Baccalauréats, vergleichbar mit dem deutschen Abitur, in Paris an der Sorbonne Rechtswissenschaften studiert und war dann in den Dienst der französischen Polizei eingetreten. Sie hatte zweifelsohne Karriere gemacht, aber als Nichtfranzösin waren ihr die höchsten Ämter in der französischen Polizei dann doch verschlossen geblieben. Deshalb hatte sie spontan die Ausschreibung eines bilateralen Führungskräftewechsels genutzt und hoffte nun, mit ihrem Wechsel vor ein paar Wochen zurück in die Heimat den nächsten Karriereschritt tun zu können.

In Monaco zu leben war teuer. Es waren gar nicht so sehr die Lebenshaltungskosten des täglichen Bedarfs, auch nicht die monatliche Miete. Céline hatte das Glück, im Haus ihrer Eltern, die schon in der dritten Generation eine kleine Pension der günstigsten Preiskategorie betrieben, wohnen zu können. Nein, es waren die Produkte von Dior, Armani, Chanel, Yves Saint Laurent, Louis Vuitton, Gucci, Versace und Dolce Gabbana, die so verführerisch in den Auslagen der vielen exklusiven Boutiquen lagen, wie etwa im Carré d'Or rund um das Casino. Und es waren die kleinen

Snacks, die kleinen Köstlichkeiten für den Gaumen, mal ein Wein, mal ein Cocktail oder ein Glas Champagner in den teuren Bars direkt neben diesen Geschäften.

Nach kurzer Fahrt hatten Céline und Jacques ihr Ziel erreicht. Den Ort, den sie innerhalb der vergangenen drei Wochen nun schon das dritte Mal anfahren mussten: die gigantische Baustelle zur Landgewinnung zwischen dem Naturschutzgebiet Larvotto und dem mit Unterwasserhöhlen durchsetzten Areal Spélugues. Dort sollten dem Meer weitere 275.000 Quadratmeter Fläche für Wohnungen, Geschäfte, Hotels und Büros auf sechs Hektar neuem Land abgerungen werden. Ein neues Quartier, direkt hinter dem Grimaldi-Forum. Es sollte ein nachhaltiger Stadtteil werden: Erneuerbare Energien sollten gewonnen und die Meeresfauna und -flora nicht beeinträchtigt werden. Aber es ging auch um gigantische Milliardensummen im zweistelligen Bereich. Im Moment baute man noch an dem rund eine Milliarde Euro teuren Fundament und war kurz vor der Fertigstellung. Natürlich hatte es Protestaktionen von Umweltaktivisten gegeben, doch hielten sich diese in Grenzen. Kein Vergleich etwa zu dem, was die Bundesrepublik Deutschland mit Stuttgart 21 erlebt hatte.

Irgendjemand war gerade dabei, die Polizeistärke in Monaco massiv zu reduzieren. Sie betrug nicht mehr, wie noch vor drei Wochen, 515, sondern seit diesem Morgen nur noch 512. Die Vorgehensweise war auch dieses Mal wieder die gleiche wie in den beiden vorherigen Fällen: In einem der vielen offen gelassenen, etwa 1,50 Meter tiefen, engen runden Schächte des Fundaments, die zur späteren Verbindung von Fundament und Aufbauten die Stahlzylinder aufnehmen sollten, war ein Mensch einbetoniert worden – auf dem Kopf stehend, oberhalb der Knie schauten die Beine heraus und ragten mahnend in die Luft.

Bei den ersten beiden Opfern, zwei Männern, beide Polizeibeamte, hatte Céline noch an einen Zufall geglaubt. Sie waren nämlich genau wie sie selbst Mitglieder der LGBT-friendly-society gewesen. *LGBT* stand für »Lesbian – Gay – Bisexual – Trans«. Eine offen gezeigte Homosexualität war in Monaco nicht üblich und löste immer noch irritierte Blicke aus. Es gab keine Klubs für Schwule oder Lesben, ebenso wenig homofreundliche Hotels. Gleichgeschlechtliche Ehen oder gleichgeschlechtliche eingetragene Partnerschaften waren gesetzlich nicht zugelassen. Aber natürlich gab es sie, die LGBT-Szene. Und sie war wegen der vielen Wahlmonegassen unter ihren Mitgliedern sehr finanzstark. Denn in Monaco wurde ein Wohnsitz nur dann genehmigt, wenn man 400.000 Euro bei einer monegassischen Bank hinterlegen konnte und eine Immobilie erwarb, die mindestens 700.000 Euro kostete. Dafür bekam man aber nicht viel, bei Immobilienpreisen von bis zu 100.000 Euro pro Quadratmeter.

Céline hoffte, mit ihrem Engagement bei LGBT zumindest langfristig etwas für die Akzeptanz von Schwulen und Lesben in der monegassischen Gesellschaft tun zu können. Im Moment war es noch eher Untergrundarbeit.

Beim dritten Opfer, dieses Mal einer Polizeibeamtin, konnte es kein Zufall mehr sein. Auch sie gehörte zu ihrer Gruppe. Bei einem geschätzten Anteil der LGBT-Mitglieder von etwa einem Prozent an der Gesamtbevölkerung waren drei von 515 durchaus noch innerhalb der statistischen Norm. Zwei weitere hätten es noch sein können. Auch das wäre statistisch noch normal gewesen. Ging man einmal davon aus, dachte Céline, dass sich alle in Frage kommenden monegassischen Polizisten durch ihren Beitritt zu LGBT geoutet hatten und es somit kein Dunkelfeld mehr gab, dann wäre Philippe Rodin von der Hafenpolizei die Nr. vier und sie selbst die Nr. fünf. Oder umgekehrt. Wäre der Mörder – sie ging einmal davon aus, dass er männlich war – weiterhin erfolgreich, dann würde die Polizeistärke in Monaco bald 510 betragen.

»Das sind ja Methoden wie bei der Mafia«, sagte Gérard, der Kollege von der Spurensicherung. »Und die waren auch noch nicht tot, als sie einbetoniert wurden. Der Gerichtsmediziner hat bei den ersten beiden Opfern Spuren von Beton in den Atemwegen und in der Lunge gefunden. Ich gehe jede Wette ein: So ist es auch hier.«

»Italienische oder russische Mafia?«, fragte Jacques.

»Da die italienische Mafia hier in Monaco noch nie eine Rolle gespielt hat, der Anteil an reichen Russen aber stetig wächst, auch unter den Wahlmonegassen, tippe ich auf die russische Mafia«, antwortete Gérard angewidert. »Neulich habe ich vor dem Casino sogar einen azur-metallic-blauen Ferrari mit goldfarbenen Aluminiumfelgen und russischer Zulassung gesehen – ein Frevel.«

»Gérard, komm zum Punkt«, mahnte Jacques genervt.

»Alle drei Opfer waren gefesselt und über die ersten beiden Opfer wissen wir auch, dass sie mit einem Taser außer Gefecht gesetzt wurden.«

»Woher wissen wir das?«, fragte Jacques.

»Von der Obduktion.«

»Kann man so etwas feststellen?«

»Man kann. Die beiden Widerhaken an den Nadelelektroden am Ende der stromführenden Drähte hinterlassen Spuren in der Haut. Außerdem haben sie natürlich auch die Kleidung geringfügig zerstört.«

»Was heißt eigentlich ‚Taser'?«

»‚Taser' ist ein sogenanntes Akronym und setzt sich aus den Anfangsbuchstaben der folgenden Worte zusammen: ‚Thomas A. Swift's Electric Rifle' aus dem Jugendbuch *Tom Swift and His Electric Rifle* von Victor Appleton aus dem Jahr 1911«, antwortete Gérard, als wäre es das Normalste auf der Welt, so etwas zu wissen. »Im Waffenrecht sprechen wir von einem Distanz-Elektroimpulsgerät.«

»Na dann. Hilft der Beton uns irgendwie weiter?«, fragte Céline.

»Eher nein«, antwortete Gérard. »Eine sogenannte Fertigmischung. Schnellbindend, wird in Fünfundzwanzig-Kilogramm-Säcken verkauft. Kriegst du in jedem Baumarkt.«

»Wie hat der Täter das angestellt? Da brauchst du doch eine Betonmischmaschine, Transportkapazität, Wasseranschluss und so«, sagte Jacques.

»Keineswegs. Hier, das kann man direkt sehen«, sagte Gérard und deutete mit dem Zeigefinger auf eine hellgraue, sich nur geringfügig von dem sonstigen Grau des Betonbodens abhebende Fläche unmittelbar neben dem Schacht, in dem bis vor wenigen Momenten noch der Leichnam der Polizeibeamtin gesteckt hatte. »Der Beton ist hier vor Ort gemischt worden. Vier Säcke, schätze ich mal, sind verbraucht worden, ein Zwanzig-Liter-Kanister mit Wasser und eine Schaufel. Mehr brauchst du nicht. Das kriegst du auf eine Sackkarre oder auf den Einkaufs-Trolley deiner Oma.«

»Danke«, sagte Céline, die die Ermittlungen leitete, und schüttelte energisch ihre dunkelblonden schulterlangen Locken. »Dann das übliche Programm: Familie, Kollegen- und Bekanntenkreis. Nachbarschaft. Telefonate, die in den letzten Tagen geführt wurden. Gibt es Konkurrenzsituationen mit Kollegen? Irgendwelche Affären? Sonstige private Interessen? Wie sieht ihr Vorleben aus? Schulden? Und die Öffentlichkeit haben wir auch noch nicht einbezogen: Spaziergänger, Nachtbummler, Liebespärchen, die vielleicht irgendetwas gesehen haben.«

Abends, nach Dienst, lag Jacques Tailleurs in seinem Einzimmerappartement – mehr konnte er sich seit seiner Scheidung nicht mehr leisten – auf der schmalen, tagsüber wegklappbaren Liege und wälzte sich von einer Seite auf die andere. Eine Flasche Rotwein stand halb geleert neben dem Bett auf dem blauen Teppichboden.

Beim ersten flüchtigen Überlesen der Schlagzeilen der *monaco-matin* am nächsten Morgen nahm er, wahrscheinlich noch benebelt von einer ganzen Flasche Rotwein am vorausgegangenen Abend, das Datum gar nicht so richtig wahr. Erst beim zweiten Lesen: 17. Oktober. Am 17. Oktober sollte der Fürst das eine Milliarde teure Fundament zur weiteren Bebauung feierlich für die Investoren freigeben. Nach dem Duschen trank Tailleur seinen Milchkaffee, aß das obligatorische Croissant und machte sich auf den Weg in sein Büro.

Als Mitglied der LGBT hatte Céline natürlich Zugriff auf die privaten Erreichbarkeiten der Mitglieder: E-Mail-Adresse, Festnetzanschluss und Handynummer.

»Philippe Rodin«, meldete sich der Angerufene.

»Hallo, Philippe. Ich bin's, Céline. Céline Junot.«

»Hallo. Dienstlich oder privat?«, fragte Philippe.

»Irgendwie beides«, antwortete Céline. Philippe war ihr nie besonders aufgefallen. Er war eher unscheinbar. »Du hast ja sicher von den drei Polizistenmorden gehört. Und du weißt sicher auch, dass die drei Ermordeten, so wie wir zwei auch, Mitglieder im LGBT waren.«

»Klar habe ich davon gehört. Aber das andere ... das ist mir gar nicht aufgefallen. Als normales Mitglied im LGBT hat man ja nicht so den Überblick und als Angehöriger der Hafenpolizei kennt man die übrigen Kolleginnen und Kollegen ja auch nicht so genau. Man wird übrigens von denen auch gar nicht so richtig wahrgenommen.«

»Ich würde mich gerne einmal mit dir unterhalten. Ob dir etwas aufgefallen ist. Einmal unsere Beobachtungen gegenüberstellen und vergleichen.«

»Was soll das bringen? Wozu soll das gut sein?«, fragte Philippe.

»Weil ich fürchte, dass einer von uns beiden der Nächste ist. Und der Übriggebliebene dann der Letzte ist, der sterben muss.«

»Ist das nicht ein bisschen weit hergeholt? Manchmal habe ich den Eindruck, mit euch Kriminalisten geht die Fantasie zu sehr spazieren«, antwortete Rodin.

»Ich bleibe dabei. Lass uns treffen.«

»Wie du meinst«, sagte Philippe und machte sogleich einen Vorschlag für den Ort des Treffens.

»Ungewöhnlich. Aber irgendwie auch passend«, sagte Céline. »Wir sehen uns dort.«

Für die Party war schon alles vorbereitet. Die Stuhlreihen für die etwa 200 »normalen« Gäste, die deutlich aufwendiger gestalteten Sessel für das Fürstenpaar, Rednerpult und Ehrentribüne für die etwa fünfzig besonderen Gäste, die Bistrotische und die Tische für das Buffet waren bereits aufgestellt worden. Man konnte erahnen, wo das Orchester für die musikalische Begleitung der Feier sitzen würde. Die gesamte Dekoration war in den Landesfarben weiß und rot gehalten.

Was Céline natürlich nicht wusste: Drei Tage vor dem 17. Oktober hatte Jacques mit Unterstützung der Kollegen von der französischen Polizei in Nizza eine Rund-um-die-Uhr-Überwachung für seine Stellvertreterin organisiert. Gut, sie hatte beste Referenzen, aber er kannte sie schließlich nicht persönlich. Sie gehörte nicht zum monegassischen Polizeikorps, war keine von ihnen. Da war es durchaus angebracht, ein bisschen misstrauisch zu sein. Es ließ sich einfach nicht leugnen, dass nur wenige Wochen, nachdem sie ihre Arbeit hier aufgenommen hatte, die Mordserie begonnen hatte. Außerdem hatte er von der Verwaltungsabteilung erfahren, dass Céline vom 16. bis 19. Oktober Erholungsurlaub beantragt hatte. Den französischen Kollegen war eingeschärft worden, ihn sofort, zu jeder Tages- und Nachtzeit, zu informieren, sollte sich Céline dem Betonfundament nähern.

Das Erste, was Céline auffiel, als sie an den vereinbarten Treffpunkt kam, wo man schon das notwendige Mobiliar für die in zwei Tagen stattfindende feierliche Freigabe für die Investoren aufgebaut hatte, war eine kleine Sackkarre, beladen mit vier Säcken Fertig-Beton, einem grünen Zwanzig-Liter-Kanister und einer Schaufel. Das Zweite, was sie sah, war Philippe Rodin. Noch bevor sie etwas sagen konnte, kamen seine Worte wie aus der Pistole geschossen: »Ihr Scheißschwulen und Lesben. Eine Schande für die ganze Innung seid ihr! Ein Krebsgeschwür im Polizeikorps!«, schrie Philippe heraus und zielte mit dem Taser, den er mit der rechten Hand hinter seinem Rücken vorborgen hatte, auf Céline, die keine Chance hatte: Sie konnte sich noch nicht einmal richtig umdrehen, um die Flucht zu ergreifen, da erreichten die mit Gasdruck abgefeuerten kleinen Nadelelektroden an den feinen Drähten sie bereits, durchdrangen die Kleidung, bohrten sich in ihre Haut auf der Schulter und hielten sich über die winzigen Widerhaken fest. Wie von einer Axt gefällt stürzte sie zu Boden und war mit einem Stromstoß von mehr als drei Ampere außer Gefecht gesetzt. Sie nahm ganz aus der Ferne, hinter einer Wand aus Nebel, wahr, wie Philippe silbriges Klebeband um ihre Fuß- und Handgelenke wickelte. Sie wollte schreien, konnte es aber nicht. Sie wollte sich wehren, konnte es aber nicht. Ihre Muskeln versagten ihr den Gehorsam.

»Du bist die letzte von uns Bullen im LGBT. Und dann ist die monegassische Polizei wieder sauber.« Mit diesen Worten zerrte er Céline zu einem der Schächte und ließ sie – das musste man ja zugeben – vorsichtig kopfüber in den Schacht hinab.

Auf dem Kopf stehend, Céline spürte einen wahnsinnigen Druck oberhalb der Schädeldecke, ihre Augenlider fingen an zu zittern, nahm sie dennoch irgendwie vertraute Geräusche wahr: das Aufreißen von Papiersäcken, das aus einem Behältnis laufende, gluckernde Wasser, eine Schaufel, die in die Masse eindrang und beim Vermischen gelegentlich mit einem metallischen Geräusch den Betonboden berührte. Und dann schlug vor ihren Augen die erste Schippe voll frischen grauen Betons auf dem Boden des Schachtes auf und verteilte sich auf dessen Fläche. Céline konnte die kalte, feuchte Masse auf ihrer Stirn spüren. Feine Betonspritzer bedeckten ihr gesamtes Gesicht. Die nächsten Schippen voller Beton würden ihr zuerst die Augen, dann die Nase und schließlich den Mund verschließen. Alles Weitere würde sie dann zwei Minuten später nicht mehr spüren. Sie wäre erstickt – an Beton.

Sie horchte auf. Da war auf einmal noch ein anderes Geräusch. Polizeisirenen. Es wurde taghell und sie hörte die Stimme von Jacques Tailleur: »Polizei. Sie sind umstellt. Legen Sie sich auf den Bauch, falten Sie die Hände über Ihrem Kopf.«

»Jetzt sag mir bitte, was es mit dem 17. Oktober auf sich hat?«, fragte Jacques, der einfach so zum vertraulichen Du übergangen war, als er Céline aus ihrer misslichen Lage befreit hatte, die wieder auf beiden Beinen stand und sich Gesicht und Haare zumindest grob gesäubert hatte.

»Am 17. Oktober habe ich Geburtstag«, sagte Céline. »Aber komm, ich habe jetzt Lust auf ein frisch gezapftes Heineken in der Monte-Carlo-Bar.«

»Einverstanden. Aber wieso willst du dann weit weg von hier sein?«, fragte er, beruhigt, aber auch ein wenig enttäuscht.

»Ich werde fünfzig. Mit meinem Alter habe ich keine Probleme, denn es geht mir gut und ich fühle mich sehr fit. Diese Zahl fünfzig aber finde ich schrecklich und solche Fünfziger-Feiern, wie ich sie kenne, noch viel mehr.«

»Das mit den fünfzigsten Geburtstagen kann ich gut nachvollziehen«, stimmte ihr Jacques zu. Die beiden saßen inzwischen in ihrem Dienstwagen und Jacques steuerte den Citroën durch den dichten Verkehr in Richtung ihres Stammlokals am Boulevard Charles III.

»Dieses steife Rumsitzen, man hangelt sich von einer Mahlzeit zur nächsten und hofft, dass man bald gehen kann ... Ich war neulich auf einem Fünfzigsten – eigentlich ein Geburtstag wie jedes Jahr, einfallslose Begrüßungsrede mit Buffeteröffnung, dieselben Gäste, das Buffet mit den in der Masse gleichen Speisen –, stand am selben Ort und ich hatte das Gefühl, auch die gleichen Gespräche zu führen wie in den Jahren zuvor. Und wo willst du hin?«

»Flüchten. Zum Christopher Street Day nach Berlin«, antwortete Céline.

Manege frei

Es gab im vierzigsten Jubiläumsjahr des Internationalen Zirkusfestivals Monte Carlo vier Favoriten für den Goldenen Clown. Die unter Künstlern sehr begehrte Auszeichnung sollte in diesem Jahr erstmals durch die Fürstin und den Fürsten gemeinsam überreicht werden. Das Festival war 1974 von dem damaligen Landesvater ins Leben gerufen worden und hatte sich inzwischen den Ruf einer Weltmeisterschaft der Manegenkunst erworben. Wie jedes Jahr waren unter den weltbesten 200 Zirkusnummern aus dem laufenden Jahr sechzehn ausgewählt worden, um Akrobatik, Clownerie und Tierdressur in höchster Vollendung zu präsentieren. Der Premierenabend voller Spannung, Magie und Glamour fand in der Manege im Chapiteau de Fontvielle in der Avenue des Ligures statt. Besonders hoch gehandelt wurden in diesem Jahr die Ballettgruppe aus Pjöngjang um die – in der Popszene würde man sagen – Frontfrau Choe Un-gyang sowie der Jongleur Maxym Pjytow aus der Ukraine. Eine Außenseiterchance wurde allenfalls noch Thibault Haxhe aus dem benachbarten Nizza, einem Magier der Pferdedressur mit seinen sieben Camargue-Pferden, und dem Schweizer René Zügli mit seiner Raubtierdressur mit vier Tigern und einem weißen Löwen zugestanden. Die Chancen von Haxhe beruhten vor allem darauf, dass ihm eine gewisse Nähe zu wichtigen Entscheidungsträgern im Fürstentum, insbesondere zu den weiblichen, nachgesagt wurde.

Was diese vier Favoriten an diesem Abend einte, war eine ganz besondere Anspannung.

Die elf Akrobatinnen des »Nationalensembles Nordkorea«, allesamt aus der berühmten Akrobatenschule in Pjöngjang hervorgegangen, waren nervös. Choe Un-gyang ganz besonders. Nicht nur, dass ihr der in Nordkorea höchste für den Sport zuständige Parteifunktionär vor der Abreise zu verstehen gegeben hatte, dass alles andere als ein Sieg eine Schande für das ganze Land sein würde, der große Führer sicher nicht glücklich darüber sein würde und sie alle im Falle eines Versagens mit Konsequenzen zu rechnen hätten. Nicht nur, dass Pak Jun-chol von der nordkoreanischen Botschaft in Monaco sie wegen einer kleinen, eigentlich harmlosen Jugendsünde, einem Devisenvergehen, erpresst hatte, mit ihr zu schlafen und er kurz vor der Vorstellung für den Abend einen weiteren Besuch in ihrem Hotel angekündigt hatte. Nicht nur, dass sie in der Nummer, die sie gleich vorführen würden, den schwierigsten Part hatte, das war ja zumindest tausendmal vorher geübt worden. Mehr Sorge bereitete ihr der

Verlauf des Abends, weil dies ein ganz besonderer Abend für sie werden sollte.

Der Ukrainer Maxym Pjytow war Jongleur. Obwohl er ein großer Schweiger war, hatte er sich angeboten, am Ende der Vorstellung beim großen Finale die Worte des Dankes aller Künstlerkollegen an das Fürstenhaus zu richten. Dort sollte die Bombe dann platzen.

Bei Thibault Haxhe lief es seit einigen Jahren nicht mehr so richtig gut – zumindest, was die Künstlerkarriere anbetraf. Einen Stall voller Camargue-Pferde zu unterhalten war nicht ganz billig, und auf der anderen Seite entsprach die Pferdedressur nicht mehr einem verwöhnten modernen Publikumsgeschmack. Die statistische Kurve von Quantität und Qualität seiner Engagements verlief nach unten und damit auch seine Einnahmen. Es blieben ihm also nur noch sein gutes Aussehen und sein Ruf als guter Liebhaber. Da dies beides nicht ausreichend dafür war, seinen aufwendigen Lebensstil zu finanzieren, hatte er das Angebot des nordkoreanischen Geheimdienstes angenommen, einen europäischen Blickwinkel auf die Entwicklung im internationalen Zirkusgeschäft zu gewähren, sich ein wenig unter Nordkoreas Künstlern umzuhören und regelmäßig nach Pjöngjang zu berichten. Bei der Gelegenheit hatten er und Choe Un-gyang sich kennengelernt, ohne sich allerdings – wie es Thibault sehr gerne gehabt hätte – auch näher zu kommen. Pak Junchol, sein Kontaktmann, saß heute Abend auch im Premierenpublikum und hatte ihn gestern Vormittag wissen lassen, dass irgendetwas in der Luft liege, das sage ihm sein langjähriges Gefühl als Geheimdienstmann. Pak hatte Thibault bei der Gelegenheit auch deutlich gemacht, dass es an der Zeit wäre, dass er einmal wieder brauchbare Ergebnisse liefere.

Ganz andere Sorgen plagten René Zügli. Sein weißer Löwe, Cäsar hatte er ihn vor vielen Jahren getauft, war die letzten Tage richtig zickig gewesen. Natürlich war das für Zügli selbst kein Problem. Aber Cäsar sollte für das große Abschlussbild aller Beteiligten von einer der Prinzessinnen des Fürstenhauses an der Leine in die Manege geführt werden. Cäsar quasi gebändigt von Cleopatra. Mit ein bisschen Fantasie hatte die Prinzessin durchaus eine gewisse Ähnlichkeit mit der amerikanischen Schauspielerin Elisabeth Taylor, die das Bild von Cleopatra an der Seite von Richard Burton und Rex Harrison in dem 1963 gedrehten Monumentalfilm bei den Kinogängern und TV-Zuschauern geprägt hatte. Absagen wollte er den Auftritt nicht, der Imagegewinn war einfach zu vielversprechend. Nachdem das Fürstenpaar Platz genommen hatte, begann, moderiert von dem Direktor des Chapiteau de Fontvielle, die Jubiläumsgala. Unter den Zuschauern waren auch Céline Junot und Jacques Tailleur von der monegassischen Kriminalpolizei. Öffentliche Auftritte der gesamten Fürstenfamilie waren selbstredend von einem besonders hohen Polizeiaufgebot begleitet. Hinzu kam, dass auch die Staatsschutzabteilung der monegassischen Polizei irgendwie ein ungutes Gefühl hatte. Ein einheimischer Bediensteter in der Botschaft Nordkoreas, der gelegentlich kleinere Informationen lieferte, hatte von einer gewissen Unruhe im Umfeld des Sicherheitschefs der Botschaft, Pak Jun-chol, berichtet. Und Unruhe war immer gefährlich. Céline schätzte, nachdem sie sich aufmerksam im Rund des Zirkuspalasts umgeschaut hatte, dass mindestens ein Fünftel der monegassischen Polizisten, das wären gut 100 Frauen und Männer, heute Abend hier im Dienst waren und auf die Fürstenfamilie aufpassten. Hinzu kamen noch etwa zwanzig Sicherheitskräfte der nordkoreanischen Botschaft, deren Aufgabe es vor allem war, den weitgehend unbeliebten Pak Jun-chol gegen eventuelle Angriffe zu schützen. Potenzielle Angreifer, die ihm die Pest an den Hals wünschten, gab es viele – darunter auch Choe und Thibault –, doch an ihn kam man gar nicht dicht genug ran, zum Leidwesen vieler. Außerdem würde die Rache des Systems vernichtend sein.

Die elf Akrobatinnen aus Pjöngjang in ihren blau-goldenen, glitzernden Kostümen aus feinster Seide trugen bei ihrem Auftritt jeweils eine Mütze auf dem Kopf, aus der zwei lange Königsfasanenfedern emporragten. Mit ihren Zauberdiabolos führten sie einen Balletttanz auf. Sie schwangen die Diabolos in die Luft und holten sie, dabei über das Seil springend und teilweise Saltos machend, aus allen Richtungen wieder zurück. Diese besondere Art, die Diabolos an horizontal gespannten Fadenbündeln auf- und abschwingen zu lassen, war einzigartig. Pak Jun-chol ließ seine Schäfchen nicht aus den Augen und beobachtete jede ihrer Bewegungen. Nichts entging ihm. Choe hatte einen Soloauftritt, während dessen sie anstelle eines Seils die beiden Fasanenfedern über dem Kopf zur Seite zog und diese Linie als Basis für das Spiel mit den Diabolos nutzte. Alles lief reibungslos und wurde von dem Premierenpublikum mit tosendem Applaus honoriert.

Maxym Pjytow war der einzige Artist der Welt, der mit zehn Kugeln jonglieren konnte. In der Gestalt eines betrunkenen Seemanns und mit viel Melancholie, pantomimenhaft trefflich interpretiert, zeigte er seine hohe Kunst, mit der es ihm gelang, Virtuosität und Leichtigkeit zu verbinden und den Zuschauern einen einzigartigen Genuss für die Sinne zu bieten. Zum verdienten Applaus erhoben sich die Mitglieder des Fürstenhauses von ihren Plätzen, große Teile des Premierenpublikums folgten ihrem Beispiel. Nur ein wenig beruhigt, sein großer Auftritt würde ja noch folgen, verschwand Maxym Pjytow rückwärtsgehend, sich immer wieder verbeugend, hinter dem Vorhang der Manege.

Thibault Haxhes Camargue-Pferde lieferten eine fehlerfreie Vorstellung ab. Natürlich war es ein Stück weit faszinierend, wie die majestätischen Tiere wie von Zauberhand geführt – Thibault arbeitete offensichtlich nur mit Blicken und Kopfbewegungen – die richtigen Wege in dem kleinen Rund der Manege fanden und die Figuren der einstudierten Choreographie schlafwandlerisch sicher abspulten, ohne dabei irgendwie gelangweilt zu wirken. Kraft und Lebensfreunde der Pferde waren zu jeder Sekunde spürbar. So richtig sprang der Funke zum verwöhnten Publikum im Zirkusrund allerdings nicht über. Nur ein von Pflichtgefühl gegenüber dem Künstler geprägter braver Applaus begleitete Thibault aus der Manege heraus.

Nach der Preisverleihung – Cleopatra hatte Cäsar übrigens ohne jedes Problem an der Leine in die Manege geführt, die Preise gingen überraschend an drei krasse Außenseiter, die niemand auf der Rechnung gehabt hatte – ergriff Maxym Pjytow das Mikrofon und wandte sich an die rund 3800 Zuschauer in dem im Innendurchmesser neunundvierzig Meter großen stationären Zelt und an ein dreistelliges Millionen-TV-Publikum weltweit. Er dankte der Fürstenfamilie und dann sagte er – zum Entsetzen der Sendeleitung –, dass er noch eine persönliche Erklärung abzugeben habe.

»Choe, komm für immer zu mir«, rief er ins Mikrofon, worauf Choe sich aus dem Kreise ihres Ensembles löste, auf Maxym zulief, sich in seine Arme legte und ihn küsste.

Oben auf der Bühne, direkt oberhalb des Zirkusorchesters, begann Pak stark zu transpirieren, er öffnete seine Krawatte und den oberen Hemdknopf und schnappte nach Luft. Dienstbare Geister um ihn herum reichten etwas zu trinken.

»Choe Un-gyang und ich, wir lieben uns. Wir wollen zusammenleben, heiraten, Kinder bekommen und glücklich werden. Choe hat das Ensemble in diesem Augenblick verlassen – sorry, Mädels – und wird in Monaco um politisches Asyl bitten. Sollte ihr etwas geschehen, dann wissen Millionen von Zeugen, wo der Täter zu suchen ist«, sagte Maxym und deutete mit dem Finger der ausgestreckten rechten Hand in Richtung Pak Jun-chols.

Das war entschieden zu viel für das Herz des übergewichtigen Pak Jun-chol, der zudem starker Raucher war und als alkoholabhängig galt. Man legte ihn auf den Boden direkt vor die gepolsterten weinroten Stuhlreihen. Pak war nicht mehr ansprechbar, hatte das Bewusstsein verloren. Auch die Atmung war nicht mehr erkennbar. Ein Mitarbeiter von Pak hatte sich aufgemacht, einen Defibrillator zu suchen, unterdessen hatten andere mit Mund-zu-Mund-Beatmung und der Herzdruckmassage begonnen und hielten auch bis zum Erscheinen ärztlicher Hilfe durch. Umsonst.

»Der Mann ist tot«, attestierte der Notarzt Achsel zuckend.

»So ein klein wenig hatte ich ja gehofft, dass es genauso ausgehen würde und ihn tatsächlich der Schlag treffen würde – aber ist das Mord?«, sagte Maxym, als die beiden im Bett der Suite lagen, die ihnen das Hotel de Paris an der Place du Casino für fünf Nächte kostenlos zur Verfügung gestellt hatte. Er nahm Chloe in seine Arme und löschte das Licht.

Atemaussetzer

»Genau betrachtet war es meine Frau höchstpersönlich, die mir den Weg zum eigentlich perfekten Alibi für den Mord gewiesen hatte. Den Mord, den ich dann später an ihr beging. Die Lösung meines Problems deutete sich erstmals vor etwa einem Jahr an.«

»Erzähl.«

»Das ist eine lange Geschichte.«

»Wo ist das Problem? Wenn es etwas gibt, das uns nicht fehlt, dann ist es Zeit.«

»Na gut. Dann hör genau zu. ‚Schatz', sagte sie nach einer dieser Nächte mit für mich lästigen Ehepflichten, ‚du hattest heute Nacht wieder Atemaussetzer. Ich mache mir wirklich Sorgen. Geh bitte endlich zum Arzt. Wir wollen doch zusammen alt werden.'

Fast fünfundzwanzig Jahre waren wir verheiratet. Alt werden wollte ich schon. Aber nicht mit ihr, sondern mit Natalie. Natalie LeBlanc, meine dreißig Jahre jüngere Assistentin, die mich seit kurzer Zeit in der Geschäftsführung unterstützte. Wir waren uns schnell nähergekommen. Natalie war jung, zärtlich und gab mir das Gefühl, auch mit Ende fünfzig als Mann noch attraktiv zu sein. Mit der Diagnose Testosteronmangel-Syndrom konnten Ärzte und Pharmaunternehmen bei mir auf jeden Fall kein Geld verdienen. Ich würde mir kein Testosteron-Gel auf den Leib schmieren müssen. Bauchfett, Blutarmut, Hitzewallungen, Knochenschwund, Antriebslosigkeit, sexuelle Unlust und schlechte Laune waren bei mir kein Thema – und das hatte ich, dachte ich zumindest, Natalie zu verdanken. Wir machten Zukunftspläne. Diesen stand allerdings meine Frau im Weg. Ihr gehörten die Firma und das Geld. Ich hatte aus dem ehemaligen kleinen Familienunternehmen, das damals noch mein Schwiegervater leitete, später als Geschäftsführer ein international agierendes modernes Unternehmen für alle Fragen der Datensicherheit gemacht. Das war mir vor allem aufgrund meiner Kenntnisse und Leistungen als Ingenieur und Informatiker gelungen. Vor einem Jahr hat mich die Technische Hochschule Nizza sogar zum Honorarprofessor ernannt. Zu den gut gefüllten Privatkonten hatte ich allerdings keinen Zugang.

‚Na gut. Wenn es dich beruhigt, besorge ich mir einen Termin im schlafmedizinischen Zentrum des Centre Hospitalier Princess Grace‘, hatte ich ihr geantwortet. Vier Wochen später, Ende März: mein erster Termin im Schlaflabor.«

»Verstehe ich alles nicht.«

»Warte nur ab. Als ich während der Voruntersuchung und bei der Besichtigung des Patientenzimmers und des Kontrollraums die für die Nachtmessungen installierten Geräte sah, fiel bei mir der Groschen: Hier wird nirgends mehr mit Kabelverbindungen gearbeitet. Die Informationen werden drahtlos auf verschiedenen Kanälen und Frequenzen ins Auswertungszentrum übermittelt. Und wenn man die Zugänge hat, die die Sicherheitssysteme überwinden können, kann man diese Informationen auch abfangen. Natürlich ist alles passwortgeschützt. Das dürfte für mich kein Problem sein, dachte ich. Und was man abfangen kann, das kann man, unter Umständen auch verändert, an anderer Stelle oder zu einem späteren Zeitpunkt auch wieder ins System einspeisen.«

»Excusez-moi, aber ich verstehe es immer noch nicht.«

»Du kommst schon noch darauf. Nach der Terminvergabe und dem Arztgespräch in der Ambulanz erfolgten zwei Tage später die stationäre Aufnahme und Unterbringung im Patientenzimmer. Hier werden die Tagestests und die nächtliche polysomnografische Untersuchung, also die eigentliche Schlafuntersuchung, durchgeführt. Die

Zimmer sind freundlich, hell und absolut identisch gestaltet. Das beginnt beim Parkettboden und geht über die Wandtapeten, Bilder, das Mobiliar, Beleuchtung sowie die Unterhaltungselektronik und die Digitaluhr mit den unauffälligen, augenfreundlichen grünen Ziffern auf dem Schreibtisch. Natürlich gibt es auch WLAN für den eigenen Laptop, den Tablet-PC oder das Smartphone. Die moderne Inneneinrichtung verbreitet eher Hotelcharakter als die typische Krankenhausatmosphäre. Jedes Zimmer verfügt über ein großzügiges Bad. Durch spezielle Jalousien können die Zimmer vollständig verdunkelt werden. Der Schallschutz übertrifft die Anforderungen der Französischen Gesellschaft für Schlafforschung und Schlafmedizin deutlich. Abends wird man dann verkabelt und eine nette medizinisch-technische Assistentin, sie hat mich irgendwie an Natalie erinnert, wünscht einem eine gute Nacht und verlässt das Zimmer. Sofern nichts Außergewöhnliches passiert, kommt sie danach auch nicht wieder. Am nächsten Morgen folgt nach dem Frühstück die Befundbesprechung. Meist mit einem anschließenden verhaltensmedizinischen Beratungsgespräch und der Entlassung nach Hause. Natürlich verbunden mit der Auflage, die Empfehlungen auch einzuhalten. Manchmal schließen sich aber auch eine Beatmungstherapie und eine zweite Nacht im Schlaflabor mit angelegter Maske an. Aufgrund meiner vorläufigen Diagnose aus dem Arztgespräch – Schlafapnoe, das heißt Atemaussetzer, die zu einer Sauerstoffunterversorgung und dadurch zu wiederholten Aufweckreaktionen führen – sollte ich auf jeden Fall eine zweite Nacht bleiben und eventuell später eine CPAP-Therapie beginnen. Nach der ersten Nacht haben sie mich jedoch auf meinen eigenen Wunsch hin entlassen. Es täte mir außerordentlich leid, hatte ich gesagt. Große Schwierigkeiten in der Firma. Ich würde dort dringend gebraucht. Die Zukunft des Unternehmens stünde auf dem Spiel. Ja, ich würde mich zeitnah wegen eines neuen Termins mit ihnen in Verbindung setzen. Auf der Festplatte meines Laptops hatte ich aber bereits das, was ich haben wollte: die kompletten medizinischen Daten meiner Körperfunktionen während einer Nacht im schlafmedizinischen Zentrum des neuen Klinikums: Hirnströme, Augenbewegungen, Atmung, Muskelspannung und die Sauerstoffsättigung meines Blutes. Plus die lückenlose Videoaufzeichnung meines Schlafes in Schwarz-Weiß zwischen 21.30 Uhr und 6.30 Uhr im Patientenzimmer Nr. eins. Die Patientennummer, das Datum und gegebenenfalls die Zimmernummer in den Daten zu ändern und anzupassen sollte später kein Problem sein.«

»Jetzt dämmert es mir langsam. Du Teufelskerl! Wie ging es weiter?«

»Neun Wochen später, Anfang Juni, hatte ich einen neuen Termin. Ich ging natürlich davon aus, die Klinik würde sich mit den alten Basisdaten nicht zufriedengeben. Sie bestanden dann auch gleich auf eine Neuerhebung. Seit meinem ersten Aufenthalt in der Klinik seien mehrere Wochen vergangen, medizinisch betrachtet eine Ewigkeit. Sicherlich mag auch die Aussicht, eine offiziell erste Nacht mit all den anfallenden teuren Untersuchungen erneut in Rechnung stellen zu können, eine Rolle gespielt haben. Bei einem inzwischen privatisierten, auf Gewinn ausgerichteten Klinikbetrieb war dies nicht anders zu erwarten.

‚Magst du noch eine Tasse Kaffee? Was soll ich dir in deine Tasche packen?', fragte Simone mich am Frühstückstisch. Wenn sie gewusst hätte, dass das ihr letztes Frühstück war, wie würde sie ihren letzten Tag auf dieser Erde wohl gestaltet haben?

‚Wie das letzte Mal', antwortete ich ihr. ‚Ich bleibe ja nur maximal für zwei Nächte. Zwei Schafanzüge, die beiden blau-karierten, falls ich wieder so stark schwitzen sollte, Trainingsanzug, Bademantel, Sportschuhe, Hausschuhe, frische Wäsche zum Wechseln und meinen Kulturbeutel'.

‚Tschüss, mein Schatz', sagte Simone zum Abschied, als sie mich zum Auto brachte und mir einen Kuss gab, den ich erwiderte. Es sollte ihr letzter Kuss sein.

‚Sie kennen sich ja bereits aus', sagte die nette medizinisch-technische Assistentin, die mich an Natalie erinnerte, als sie mich wie vor einigen Wochen für die Nacht im Schlaflabor verkabelte.

‚Schlafen Sie gut!' Mit diesen Worten verließ sie das Zimmer Nr. drei.

Kaum war sie draußen, aktivierte ich meinen Laptop und speiste die schon vor mehr als zwei Monaten während meiner ersten Nacht im Schlaflabor aufgenommenen Daten in das System ein. Im Kontrollraum gab es jetzt sozusagen eine Konserve von mir zu sehen. Natürlich hatte ich die Patientennummer, das Datum und auch die Zimmernummer angepasst. Gegen zwei Uhr bin ich dann weg und habe meinen Plan in die Tat umgesetzt.«

»Wie hast du es gemacht?«

»Angemessen. Sie hatte sich ja immer Sorgen gemacht, ich könnte keine Luft mehr bekommen. Jetzt war sie es, die keine Luft mehr bekam. Ich bin in unser Schlafzimmer geschlichen und habe ihr das Kissen solange auf das Gesicht gedrückt, bis sie nicht mehr atmete. Atemaussetzer. Nur eben dauerhaft. Selbstverständlich trug ich Handschuhe. Anschließend nahm ich ihren Schmuck und das Bargeld an mich. In der Küche stellte ich neben die angebrochene Flasche Rotwein und das bereits ausgespülte Glas – Simone trank gerne abends ein, zwei Gläser Wein und spülte das Glas, dabei grundsätzlich Handschuhe tragend, immer gleich aus und stellte es in die Abtropfschale neben dem Spülbecken – noch ein zweites ausgespültes Weinglas. Sollte die Polizei denken, Simone hätte am Abend mit einer ihr bekannten Person Wein getrunken. Das würde auch die fehlenden Einbruchsspuren erklären. Um vier Uhr war ich wieder zurück in der Schlafklinik.«

»Alle Achtung. Mein Kompliment.«

»Am nächsten Morgen bin ich dann nach dem Frühstück, so als wäre nichts geschehen, zur Befundbesprechung zu meinem Arzt gegangen.

‚Wie ich bereits vermutet hatte, es ist eine Schlafapnoe', sagte der Professor – als Privatpatient hatte ich natürlich Chefbehandlung. ‚Das Gewebe Ihrer Atemwege erschlafft beim Einschlafen so stark, dass es im Strom der Atemwege schwingt. Sie schnarchen. Bei schwereren Fällen verlegt beziehungsweise blockiert das Gewebe die Atemwege und der Luftfluss kommt zum Stillstand. Da der Atemantrieb aber bestehen bleibt und durch den Sauerstoffmangel im Blut noch größer wird, zeigen Thorax- und Abdomengurt weiterhin Exkursionen. Der Luftfluss ist zum Stillstand gekommen. Die Sauerstoffsättigung sinkt entsprechend. Ist diese Sättigung auf eine kritische Grenze gefallen, findet eine Weckreaktion statt. Sie werden wach, hyperventilieren kompensatorisch und schlafen wieder ein. Das Ganze findet mehrmals pro Nacht statt. Von all dem merken Sie jedoch nichts und glauben am nächsten Morgen, ganz normal durchgeschlafen zu haben, obwohl vierzig, fünfzig oder weit mehr derartiger, sogenannter Arousal-Phasen durchlaufen wurden. In Wirklichkeit also kein gesunder Schlaf, sondern eine Schlafentzugsfolter.‘

‚Und was kann man da jetzt tun?‘, fragte ich ihn.

‚CPAP-Therapie. Das bedeutet ...‘, wollte der Professor gerade fortfahren, als es klopfte.

‚Monsieur Professeur. Entschuldigen Sie bitte. Hier ist jemand von der Kriminalpolizei, eine Madame Junot, die dringend Monsieur Ruber sprechen will. Es ist etwas Schreckliches mit seiner Frau passiert!‘, sagte seine Sekretärin.«

»Klingt doch alles ganz überzeugend und durchdacht. Warum sitzt du jetzt trotzdem lebenslang wegen Mordes an deiner Frau? So wie du das eben erzählt hast, klingt das nach einem verdammt perfekten Alibi. Bist du beobachtet worden? Bist du zu schnell gefahren und geblitzt worden?«, fragte Franck, mein Zellengenosse, mit dem ich mir jetzt schon drei Monate im Knast die Zelle teilte und mit dem ich wahrscheinlich auch mindestens die nächsten fünfzehn Jahre gemeinsam verbringen würde.

»Nichts dergleichen. Ich hatte vorher in der Nähe der Klinik einen Motorroller abgestellt. Mein Auto hatte ich im Parkhaus gelassen. Da ist ja alles videoüberwacht. Und natürlich habe ich mich genauestens an die Verkehrsregeln gehalten. Aber warte, ich will mir erst noch eine Zigarette drehen.«

»Nun mach schon. Lass dich nicht so feiern! Das ist ja nicht zum Aushalten.«

»Immer mit der Ruhe. Gleich geht es weiter. Erst mache ich mir noch einen Nescafé. Der hübsche Kaffeebecher mit dem Sonnenuntergangsmotiv hier ist übrigens ein Abschiedsgeschenk von Natalie. Sie hat mich kurz nach meiner Verurteilung noch einmal besucht, dabei den Becher mitgebracht und mir erklärt, dass Schluss sei. So, und jetzt noch das heiße Wasser eingießen, umrühren und einen schönen Schluck nehmen – ah, tut das gut. Köstlich. Kein Vergleich zu diesem grässlichen Gefängnis-Muckefuck jeden Morgen.«

»Und, was ist jetzt Sache? Was ist schiefgegangen?«

»Aussetzer. Ironie des Schicksals. Auch wieder Aussetzer. Nur diesmal Stromaussetzer. Da war doch diese Digitaluhr auf dem Schreibtisch. Nachts hatte es einen kurzen Stromausfall im normalen Hausstromnetz gegeben. Nur wenige Minuten. Die medizinischen Geräte laufen über einen zweiten Stromkreis, sind besonders gesichert und waren nicht betroffen. So ein Stromausfall führt bei einer Digitaluhr für gewöhnlich dazu, dass diese ihren Dienst einstellt und dann, wenn der Strom wieder da ist, mit der Anzeige 00.00 dauerhaft blinkt. Als ich so gegen vier Uhr wieder zurück im Zimmer war, habe ich das sofort gesehen und die Uhr neu gestellt.«

»Dann ist doch alles in Ordnung!«

»Eben nicht. Dieser nächtliche Stromaussetzer war natürlich im Schlaflabor an dem Morgen ein Thema und war allen Mitarbeitern bekannt. Die nette medizinisch-technische Assistentin hatte die Videoaufzeichnung zur genaueren Analyse meiner Körperhaltung und eventueller Veränderungen während meines Schlafes betrachtet … und dabei ist ihr aufgefallen, dass die Uhr in meinem Zimmer die ganze Nacht durch bis zum automatischen

Abschalten der Aufzeichnung mit dem Wecken um 6.30 Uhr zu keiner Zeit geblinkt hat. Und das hat sie der Polizei erzählt ...«

Edel-Ballermann

»Diese Schlagzeile ist ein Skandal«, sagte Maurice Delaunay zu seiner engsten Mitarbeiterin Monique Delcassé. Der Direktor der monegassischen Touristik-Gesellschaft hatte soeben die Überschrift »Edel-Ballermann« in der *monacomatin*, der größten Lokalzeitung Monacos, gelesen. Dort war angekündigt worden, dass der bekannte französische Kriminalschriftsteller Javier Hoarou an einem Regionalkrimi mit monegassischem Lokalkolorit arbeitet, der eben jenen Arbeitstitel trug.

»Hier«, meinte Maurice und gab Monique den Inhalt des Artikels wieder: »Hoarou, so der Redakteur, beschreibe den Kleinstaat als einen riesigen Vergnügungspark mit Autorennen wie dem Grand Prix der Formel 1 oder der Rallye Monte Carlo, mit Rosenball, Sportfesten, Kreuzfahrtluxus, Kongressbetrieb, Feuerwerken, Modenschauen und Messen – veranstaltet von profitgierigen Haien für die dekadenten Nichtsnutze. 7.000 echte Monegassen und 25.000 Wahlmonegassen seien in ihrem täglichen Überlebenskampf – Überlebenskampf ist in Anführungszeichen gesetzt – auf die Hilfe von 30.000 Berufspendlern aus Frankreich und weiteren 7.000 aus Italien angewiesen, die ihnen den Dreck wegmachten.«

»Reg dich nicht auf. Bringt eh nichts. Komm, sonst verpassen wir die Party«, sagte Monique, hakte sich bei ihrem Chef ein und zog ihn aus dem klimatisierten Büro in der Direction du Tourisme am Boulevard des Moulins.

»Aber für den Ruf unseres Landes ist das tödlich.«

»Da bin ich mir gar nicht so sicher«, antwortete Monique. »So ein bisschen *‚skandalumwittert‘* kommt doch immer ganz gut.«

»Dabei ist der Kerl in Monaco eine unerwünschte Person, eine persona non grata«, konnte Maurice sich nicht beruhigen, als sie in seinem roten Porsche Boxster Cabrio saßen und die paar Meter zum Hafen, dem Port Hercule, fuhren. Der Boxster war das Maximum dessen, was er sich als Luxussportwagen leisten konnte, für einen 911er reichte es bei weitem nicht. Und das auch nur gebraucht. Einen neuen Boxster bekam man schon für 48.000 Euro, für einen neuen 911er musste man mindestens 105.000 Euro hinlegen.

»Wie kam das? Was hat er angestellt?«

»Der tödliche Verkehrsunfall der Fürstin am 13. September 1982, als diese mit ihrem Auto vormittags auf der Rückfahrt von der fürstlichen Sommerresidenz Roc Agel auf der kurvenreichen Straße in einer Haarnadelkurve am Ortseingang von Cap-d'Ail vierzig Meter tief in den Abgrund stürzte – er hat den Unfall als Vorlage für einen

Kriminalroman genommen. Mit dem Fürsten als Drahtzieher. Der soll seiner Gattin nämlich schon sehr schnell untreu geworden sein.

Eine andere Spur im Roman ging in Richtung südfranzösische Mafia, eine weitere hatte eine antimonarchistische Gruppierung in Monaco in Verdacht, die die Fürstenfamilie nach und nach auslöschen wolle. Aber die absolute Krönung war die Hypothese von einem Mordanschlag, durchgeführt von einem Ring monegassischer Immobilienmakler, der mit der Fürstin eine einflussreiche Gegnerin der künstlichen Landgewinnung in Monaco ausschalten wolle.

Selbst der siebzehnjährigen Tochter, die damals mit in dem verunglückten Auto saß, hat er in dem Roman eine mögliche Mittäterschaft angedichtet. Gab es doch Gerüchte über ein sehr angespanntes Verhältnis der beiden Frauen: ‚Sie wird mich noch ins Grab bringen', soll sie mal gesagt haben. Und da hörte dann der Spaß auf!«

»War die ganze Sache nicht ein bisschen mysteriös?«

»Ja, nein. Es ist viel geschrieben worden. Es gab auch einen Dokumentarfilm über die letzte Ausfahrt: *Skandal Royal*. Manche Dinge verwundern immer noch, zum Beispiel, dass der Bericht des ermittelnden Polizeibeamten bis heute nicht veröffentlicht ist oder dass die Feststellung, am Wagen sei technisch gesehen alles einwandfrei gewesen, nach einer Untersuchung in der fürsteneigenen Werkstatt getroffen wurde. Doch besteht heute die doch einhellige Meinung, dass ein Schlaganfall die Ursache für ein unkontrolliertes Durchdrücken des Gaspedals war.«

»Na dann. Hier wäre noch ein Parkplatz«, sagte Monique.

Auf der schneeweißen, edelstahlblitzenden Achtzig-Meter-Yacht des monegassischen Immobilienmaklers, der sein Geld gerüchteweise auch mit Drogen machte – manche sagten, er sei auch im internationalen Waffengeschäft tätig – tummelten sich an dem strahlenden Werktagvormittag im Hafen Monte Carlos um die hundert Personen, tranken Champagner, schlürften Austern, zerlegten Hummer, löffelten Kaviar und redeten unnützes Zeug. Unter Deck konnte man sich auch diskret eine Linie Kokain reinziehen.

Ein kleiner repräsentativer Ausschnitt der monegassischen Bevölkerung eben: ein paar Tennisprofis, aktuelle und ehemalige Formel-1-Rennfahrer, ein paar russische Neureiche, Schlagersternchen, Schauspieler, Produzenten und Regisseure, einige Vertreter des europäischen Hochadels, reiche und faule Erben aus bekannten Industriedynastien, kreative Köpfe aus der Softwarebranche und der Werbung, jede Menge langbeinige Schönheiten, die sich eine Karriere auf den Laufstegen dieser Welt oder wenigstens in den Betten Monacos erhofften – wobei man bei einigen besser nicht nach dem Alter fragte –, ein paar Leute aus der Stadtverwaltung, Maurice Delaunay, Monique Delcassé und natürlich – die Weltöffentlichkeit sollte ja auch etwas davon haben – einige Fotojournalisten und ein paar Leute von der Klatschpresse.

Die Partys des Immobilienmaklers waren legendär und fanden zwei-, dreimal im Jahr statt. Immer in der gleichen Art und Weise. Nachdem alle geladenen Gäste an Bord gelangt waren, hatte der Schiffseigentümer vom Schiffsanleger im Yachthafen Port Hercule ablegen, drei Seemeilen außerhalb der Bucht in internationalen Gewässern ankern und die bordeigenen Badeinseln zu Wasser bringen lassen.

Natürlich war die Schlagzeile in der *monacomatin* ein Gesprächsthema auf dem Schiff. Hatte es doch jemand gewagt, sie – die Partygäste – direkt anzugreifen, sie mit *»Ballermann«* zu vergleichen.

»Ich habe mal gegoogelt«, sagte ein Partygast, blickte von seinem iPad auf und las den anderen aus Wikipedia etwas zum Thema Ballermann vor.

»Unverschämtheit!«, echauffierte sich einer der Gäste.

»Hier, ich habe noch etwas gefunden«, rief eine der langbeinigen Schönheiten dazwischen und vergrößerte den Bildausschnitt auf ihrem iPhone. »Die *Le Monde* zitiert in ihrer Online-Ausgabe heute aus einem vorab veröffentlichten Auszug aus dem Krimi: Ort der Handlung ist die Achtzig-Meter-Yacht eines monegassischen Immobilienmaklers, auf der sich etwa hundert Schmarotzer der Gesellschaft zwei-, dreimal jedes Jahr außerhalb der Dreimeilenzone vor der Bucht vergnügen.«

»Du, der meint uns«, sagte ein stadtbekannter Playboy zu einer seiner weiblichen Begleiterinnen.

»Weiß jemand, wo dieser Mistkerl Hoarou steckt?«, fragte die aktuelle Nr. neun der Tennisweltrangliste bei den Männern.

»Ich habe gehört, er soll jetzt in der Schweiz leben«, antwortete ein ehemaliger Formel-1-Weltmeister aus den achtziger Jahren.

»Hier ist die Passage mit dem Täter«, unterbrach jetzt wieder die langbeinige Schönheit. »Als Täter verdächtigt die Polizei den ... Merde ... Ich habe kein Netz mehr.«

Mitten in diese Unterhaltung dröhnten die Sirenen von zwei Booten der monegassischen Wasserschutzpolizei, die kurze Zeit später an Back- und Steuerbord der Luxusyacht festmachten. An Bord des einen Polizeibootes waren auch Capitaine Céline Junot und Commandant Jacques Tailleur von der monegassischen Kriminalpolizei.

»Wir sind hier in internationalen Gewässern«, rief der Eigentümer wütend, »da haben Sie nichts an Bord zu suchen!«

»Wir sind im Auftrag von Interpol hier, im Rahmen der Amtshilfe. Und da haben wir durchaus etwas an Bord zu suchen. Hier ist der internationale Durchsuchungsbefehl«, sagte Céline und reichte ihrem Gegenüber das rote Dokument.

»Was wird mir vorgeworfen?«

»Verstöße gegen das Betäubungsmittelgesetz und Förderung der Prostitution mit Minderjährigen«, antwortete Céline und beorderte die acht uniformierten Polizisten, die beiden Drogenspürhunde und zwei Zollbeamte mit einer Handbewegung an Bord.

Zwei Stunden später verließen alle wieder das Schiff, begleitet von dem Schiffseigentümer, der vorläufig festgenommen worden war, von drei jungen Mädchen, fünfzehn, sechzehn und siebzehn Jahre alt, sowie etwa zwei Kilo Kokain im Gepäck.

»Wo hatten wir denn eigentlich den Hinweis her?«, fragte Jacques Tailleur seine Kollegin auf der kurzen Rückfahrt in den Hafen.

»Anonymer Tippgeber«, antwortete Céline.

»Der muss aber eine Menge Prass auf den Typen gehabt haben.«

»Oder Geld gebraucht haben«, ergänzte Céline.

»Wer soll denn dafür gezahlt haben, dass jemand die Clique verpfeift?«, fragte Jacques ahnungslos.

»Na, zum Beispiel Javier Hoarou. Hast du die Vorberichte über seinen neuen Krimi gelesen? Erstens steigert der Vorfall hier die Auflage und zweitens hat er seinen Feinden einen ziemlichen Schlag versetzt«, antwortete Céline.

»Irgendwie schade«, sagte Monique enttäuscht und nippte an einem Cocktail, den sie im Café de Paris unweit ihres Büros tranken. »Seine Partys werden mir doch fehlen.«

»Sei nicht traurig, mein Schatz. Dafür wirst du bald einen 911er fahren«, versuchte Maurice ihr ein wenig Trost zu spenden.

BEA

Der Flug mit dem Helikopter vom Airport Nizza-Côte-d'Azur zum Heliport in Monaco-Fontvieille dauerte nur sieben Minuten. Ein tolles Erlebnis: Das sanfte Abheben, das scheinbare Fallen ins Nichts, wenn es von der Plattform auf das Meer hinausging, der spürbare Druck der Erdanziehungskraft bei einer Schräglage in einer Flugkurve oder das gewollte wiegende Schaukeln beim Landen, eine kleine Zugabe des Piloten an seine Fluggäste. Außer dem Piloten bestand die Gruppe im Helikopter noch aus Baptiste Edmond Augarde und aus einigen jungen Reiseverkehrskaufleuten aus dem Rheinland, denen ein großer Reiseanbieter den Wochenendausflug bezahlt hatte. Üblicherweise kostete ein einfacher Flug – je nach Saison – 115 bis 125 Euro pro Person. Nicht so für Baptiste Edmond Augarde. Das Paket, für das er sich entschieden hatte, zwei Übernachtungen im Fünf-Sterne-Hotel Fairmont Monte Carlo im Zimmer Deluxe mit Meerblick und mit Spartermin dreimal übernachten, aber nur zweimal zahlen, beinhaltete den sogenannten Passeport Monte-Carlo, und der wiederum ermöglichte den kostenfreien Helikopter-Transfer. Gekostet hatte ihn der ganze Spaß – ohne Flug von Frankfurt nach Nizza – im Doppelzimmer 364 Euro. Das gleiche Zimmer konnte zu bestimmten Zeiten, während des Grand Prix der Formel 1 zum Beispiel, auch schon einmal für eine einzige Nacht im Doppelzimmer pro Person 350 Euro kosten. Dazu kamen zusätzlich 260 Euro für Hin- und Rückflug mit der Lufthansa.

Er hatte für zwei Personen reserviert, also noch einmal 364 Euro. Ein Einzelzimmer hätte ihn für den gleichen Zeitraum, unverständlicherweise, genauso viel gekostet. So war er flexibler, konnte Gelegenheiten nutzen, wenn sie sich ihm denn bieten würden. Und das hoffte er. Von den jungen weiblichen Reiseverkehrskaufleuten aus dem Rheinland war aber keine in Frage gekommen, auch wenn sie sehr hübsch gewesen waren.

Vor Ort im Hotel wollte er noch das das Zusatzpaket »Monte Carlo für Entdecker« buchen, bestehend aus einem Drei-Gänge-Menü im Hotelrestaurant, exklusive Getränke, und einem vierstündigen Ausflug mit Besichtigung der Altstadt von Monte Carlo, der Wachablösung vor dem Palast, der Kathedrale mit dem Grab von Grace Kelly, dem Casino, dem mittelalterlichen Dorf Eze, das auf einem Berg nahe Monaco lag und einen spektakulären Ausblick bat, und einem geführten Besuch der Fragonard-Parfümfabrik. Am Samstagmorgen sollte dieser Ausflug stattfinden.

Am Rückreisetag, am Sonntag, sollte Baptiste um 11.05 Uhr mit einem Bus-Shuttle vom Hotel abgeholt, zum Heliport gebracht und mit dem Helikopter um 11.30 Uhr nach Nizza geflogen werden, damit er dort seinen Flug um 12.50 Uhr erreichen konnte. Ankunft Frankfurt wäre um 14.30 Uhr. Aber das waren erst einmal nur theoretische Größen.

Baptiste war vor dreiunddreißig Jahren in einem kleinen Vorort von Paris geboren worden. Wenig später hatte es seine Eltern aus beruflichen Gründen nach Deutschland in das Rhein-Main-Gebiet verschlagen. Nach Kindheit, Schule und Lehre sowie ersten Berufsjahren arbeitete er seit sieben Jahren als Laborgehilfe in einer Parfümerie in Frankfurt. Diese bot ihren Kunden neben den exklusivsten Marken der Welt auch eigene Kreationen in ihrem schicken Ladengeschäft in bester Frankfurter Lage in der Goethestraße zum Verkauf an.

Es war die Lektüre von Patrick Süskinds *Das Parfüm* in der Oberstufe, die seinen Berufswunsch des Parfümeurs hatte reifen lassen. Aber das hatte er natürlich niemandem zu irgendeinem Zeitpunkt gesagt. Dass man von dem Gedanken fasziniert sein konnte, aus dem Körperduft junger Frauen das ultimative Parfüm zu kreieren, zu komponieren, konnte er ja schlecht in seine Bewerbung schreiben. Dass er denselben Vornamen hatte wie die Hauptfigur aus Süskinds Roman, Jean Baptiste Grenouille, war reiner Zufall. Der Name Baptiste hatte seiner Mutter einfach nur gut gefallen. Nach der Schule hatte Baptiste eine Lehre als Chemielaborant gemacht, ein paar Jahre in verschiedenen Firmen gearbeitet, um dann seine erste Stelle in der Frankfurter Parfümerie anzutreten. Nebenbei und im Geheimen experimentierte er an einem eigenen Parfüm. BEA wollte er es nennen. Seine Initialen: Baptiste Edmond Augarde. Anders als sein Namensvetter Grenouille, der vierundzwanzig junge Frauen von ausgesuchter Schönheit getötet und ihre Düfte aufgenommen und konserviert hatte, um sie zu einem Duftdiadem zu verbinden, wollte Augarde sein Parfüm BEA mit dem Körperduft von nur einer schönen Frau krönen. Bei der Gewinnung und Konservierung der körpereigenen Duftstoffe wollte er aber ganz anders vorgehen als Grenouille, der – so zumindest der Roman – am 25. Juni 1767 auf bestialische Weise zu Tode kam und damit zumindest in Ansätzen das Schicksal seiner eigenen Opfer teilte.

Als Laborant in der Frankfurter Parfümerie hatte Augarde gelegentlich Kontakt mit schönen, gut aussehenden und gut duftenden Kundinnen. Meistens waren es Frauen aus der Frankfurter Oberschicht, denen er irgendeine der verwendeten

Zutaten erklären sollte. Gelegentlich war er auch schon einmal in der Nähe der Models, die bei der Parfümerie unter Vertrag standen. Doch da war sein Problem: Die Angst vor schönen, gut duftenden Frauen. Wie sollte er so an die dringend benötigte, letzte Zutat kommen? Nachdem er alleine an diesem Zustand nichts hatte verändern können, hatte er sich in eine Psychotherapie begeben und seine Therapeutin hatte mit ihm eine Konfrontationstherapie begonnen, die in einem Besuch der jährlichen Internationalen Parfümerie Messe in Monaco enden sollte. Eine Messe, die mit den größten und berühmtesten Herstellern der Welt und den am besten aussehenden und den am besten duftenden Frauen der Welt nur so übersät war. Der ideale Platz, um seine Phobie aktiv anzugehen. Das grundlegende Prinzip dieser Behandlungsmethode ist die Konfrontation mit den Angst auslösenden Reizen. Kernmerkmal der meisten Angststörungen ist die Vermeidung der Angst auslösenden Reize. Vermeidung wird von Verhaltenstherapeuten aber als eine die Störung aufrechterhaltende Bedingung verstanden, da sie neue Erfahrungen verhindert, und somit die Bewältigung der gefürchteten Reize oder Situationen erschwert. Bei der bei Baptiste angewandten Methode hingegen wird der Patient mit dem Reiz konfrontiert. Immer intensiver, anfangs in Begleitung des Therapeuten, später alleine. Monaco war sozusagen der krönende Abschluss, wie der erste Alleinflug, wie die Vogelspinne, die man über den Arm krabbeln lässt.

Was er seiner Therapeutin allerdings nicht gesagt hatte, war, dass er diesen Abschlusstest auch dazu nutzen wollte, an die alles entscheidende Geruchsprobe heranzukommen. Von seinen Plänen mit BEA hatte er ihr nichts erzählt. Auch Therapeutinnen mussten nicht alles wissen. 10.000 Euro, etwa ein Drittel seines Ersparten, hatte er von seinem Konto abgehoben, um sie in das Projekt BEA zu investieren. Einen Teil davon gab er für neue Kleidung und neues Gepäck aus.

»Monsieur. Ihre Akkreditierung, s'il vous plaît«, hörte Baptiste eine aufregend erotische Stimme sagen. Er hatte am Freitagmorgen nach einer ersten Nacht ganz alleine im Doppelzimmer des Luxushotels und einem dekadenten, verschwenderischen Frühstück das Grimaldi-Forum im Stadtteil Larvotto betreten, in dem die Internationale Parfümerie Messe Monte Carlo stattfand. Die Stimme gehörte einer bildhübschen jungen Frau von vielleicht Mitte zwanzig, die ihm ein strahlendes Lächeln zuwarf und die, das konnte er schon auf einige Meter Entfernung feststellen, sehr gut duftete.

»Virginie Delalande« konnte er auf dem Namenschild auf ihrer linken Brust, direkt über dem Herzen, lesen. Sein Herz begann zu klopfen. Die ihm bekannte Unruhe stieg in ihm auf. Diese Unruhe, die ihn immer befiel, wenn der Kontakt mit einer schönen Frau zustande kam, deren Duft sich in seinen Geruchssinn eingrub.

Sofort dachte er an seine Therapeutin. Konfrontationstherapie. Jetzt zählte es, jetzt kam es darauf an. Aus diesem Grund war er hergekommen. Nein, nicht nur deshalb, aber es war der zweite Grund. Selbstüberwindung, um zu seinem Ziel zu gelangen. Baptiste gab sich innerlich einen Ruck.

»Hier, bitte, Mademoiselle«, sagte Baptiste und versuchte, das Lächeln zu erwidern. Er hoffte, dass es ihm einigermaßen gelungen war. Dabei übergab er ihr seine Anmeldung. Er hatte sich über das Internet als offizieller Vertreter der alteingesessenen Frankfurter Parfümerie angemeldet. Niemand würde sich dafür interessieren.

»Oh, Sie kommen aus Deutschland, Monsieur Augarde. Ein sehr schönes Land.«

»Sie kennen Deutschland?«

»Ja, ich habe ein Jahr dort als Au-pair gearbeitet, studiere jetzt Germanistik in Paris und will im nächsten Jahr ein Auslandssemester in Deutschland machen. Berlin. Hamburg. München. Vielleicht auch Frankfurt. Ich weiß noch nicht so genau.«

So viel Glück auf einmal. Kaum zu fassen. Jetzt nur nicht nervös werden. Nichts übereilen.

»Ja, das ist eine schwierige Frage.« Baptiste fühlte sich, als hätte sich ein Turbogang in ihm eingeschaltet, aber er zügelte seine Unruhe.

»Dann will ich mich einmal in die Düfte fallen lassen. Sie entschuldigen mich. Man sieht sich sicher. Au revoir, Mademoiselle Delalande.«

Sie verabschiedete ihn mit einem leichten Kopfnicken und einem Lächeln.

Er hatte sein Opfer gefunden. Gelangweilt schlenderte er durch die Hallen. Augarde verweilte mal hier, mal dort. Probierte mal einen Duft, blätterte mal in den Hochglanzkatalogen und Fotosets der Modelagenturen, prüfte die Qualität verschiedener futuristischer Glasflacons und schaute dabei immer wieder auf die Uhr. Auf keinen Fall durfte er Virginie Delalande aus den Augen verlieren. Am besten wäre es, sie kurz vor dem Schichtwechsel noch einmal anzusprechen und sie auf einen Drink einzuladen. Schließlich musste er unbedingt wissen, wie Virginie ohne all die künstlichen Düfte auf ihrer Haut wie Tages- und Nachtcreme, Seife, Shampoo, Badezusatz, Duschgel, Deodorant, Eau de Toilette, Parfüm, Lippenstift, Haarfestiger und Taft, Make-up, Lidschatten und Wimperntusche duftete. Das konnte er nur am frühen Morgen feststellen und nur dann konnte er diesen Duft auch wie geplant sichern.

»Sie wollen schon gehen?«, fragte Virginie, als er um die Mittagszeit an ihrem Informationsstand vorbeischlenderte und sie freundlich grüßte. Er hatte den ganzen Vormittag während des Messebesuchs Zeit gehabt, seinen Plan gedanklich zu strukturieren.

»Ja, ausgerechnet jetzt ist irgendwie meine Nase zu. Wahrscheinlich eine leichte Erkältung. Die Klimaanlage im Hotel.«

»Oh, Sie Ärmster. In welchem Hotel wohnen Sie denn?«, wollte Virginie wissen. Baptiste schaute der schönen Frau in die Augen. Der Kontakt verlief überraschend unkompliziert. Er nannte den Namen des Fünf-Sterne-Hotels.

»Die sind berühmt für ihren Wellnessbereich. Sauna, Dampfbad. Da lässt sich sicher auch etwas mit ätherischen Ölen machen.«

»Dann werde ich das heute Nachmittag tun. Danke für den Tipp«, sagte Baptiste, zögerte, um dann, jedoch mit ein wenig Zittern in der Stimme, zu sagen: »Und Sie? Müssen Sie heute noch lange arbeiten?«

»Um vierzehn Uhr bin ich für heute fertig. Dann habe ich bis morgen früh frei, dann noch einmal bis zum Mittag arbeiten und dann ist Wochenende.«

Baptiste schwirrte der Kopf und dieses verdammte Herzklopfen stellte sich wieder ein. Ausgerechnet jetzt kam es darauf an, dass er die

Gelegenheit nutzte, aber es musste völlig gelassen wirken, so als käme es auf nichts an, so als wäre das alles eine zufällige, spontane Idee. Eine Gratwanderung zwischen seinen Ängsten und seinem Plan. Sein Plan. Baptiste besann sich. Sein Plan. Das war das Wichtige. Und wie von selbst streckte er sich nach seinem Ziel.

»Haben Sie heute Abend Lust und Zeit? Wenn Sie möchten, könnte ich Ihnen bei einem Essen und einem Glas Wein etwas über Frankfurt erzählen. Bitte.«

Baptiste ärgerte sich für einen kurzen Moment über sich selbst. Das Wort »Bitte« war an dieser Stelle zu viel gewesen. Besser hätte er gesagt: »Ich würde mich sehr freuen, wenn Sie mich heute Abend begleiten« oder etwas Ähnliches.

Seine Unsicherheit war Virginie anscheinend nicht aufgefallen. Munter und mit einem überraschend netten Blick schaute sie ihn an. Er merkte, dass ihr irgendetwas an ihm gefiel, sie war viel aufgeschlossener, als die professionelle Freundlichkeit dies verlangte.

»Gerne, warum nicht. Ich habe heute Abend noch nichts vor, wollte eigentlich nicht mehr ausgehen, weil ich Samstagmorgen wieder früh raus muss. Aber ein schönes Abendessen, ein Glas Wein, ein bisschen über Deutschland plaudern, das ist genau das Richtige.«

»Wollen wir in meinem Hotel essen?« Baptiste dachte an den Gutschein für ein Drei-Gänge-Menü.

»Ich habe eine bessere Idee. Ich kenne ein schönes kleines Restaurant. Sagen wir um zwanzig Uhr?«

Mit einem koketten Lächeln nannte Virginie noch schnell Name und Adresse des Restaurants – das *Bilig Café* in der Rue Princess Caroline – dann wandte sie sich einem japanischen Paar zu, das von ihr eine Auskunft begehrte.

Es war ein schöner, kurzweiliger, sehr harmonischer Abend in diesem kleinen italienischen Lokal. Als Vorspeise gab es die für Monaco typischen Barbajuan – frittierte kleine Ravioli. Die beiden waren sogar beim vertrauten Du angelangt. Sie hatten viel gelacht. Virginie hatte fast gänzlich, außer einem leichten, kaum wahrnehmbaren Parfüm, auf Chemie verzichtet und ließ so ihre natürliche Schönheit und ihren natürlichen Duft voll zur Geltung kommen. So machte sie es ihm auch viel einfacher. Seine Therapeutin wäre stolz auf ihn gewesen. Mehr denn jemals zuvor war Baptiste überzeugt, mit ihr die Richtige gefunden zu haben.

So gegen dreiundzwanzig Uhr, Virginie hatte mit Blick auf das frühe Aufstehen am Samstagmorgen gedrängt, brachte er sie nach Hause, eine kleine Pension der günstigsten Preiskategorie, in der sie während der paar Tage als Messehostess untergebracht war.

»Vielen Dank und schlaf gut«, verabschiedete sie sich, schlang ihre Arme um seinen Hals und hauchte ihm einen Kuss auf die Wange.

»Du auch. Sehen wir uns morgen wieder?«

»Gerne. Ich hätte eine Bitte?«

»Sag es.«

»Ob wir den Wellnessbereich in deinem Luxushotel einmal nutzen können? Ich habe da schon so viel Tolles darüber gehört.«

Baptiste glaubte seinen Ohren nicht zu trauen, das war ja traumhaft. Nach einem Nachmittag mit Sauna, Dampfbad und all den anderen Wasserspielen würde ihr natürlicher Duft noch offener ausgebreitet sein und darauf warten gelesen und gesichert zu werden.

»Ja, klar. Ich freue mich.«

»Super, dann hole mich doch morgen so um fünfzehn Uhr hier ab.«

Die Zeiger der Uhr schienen sich am nächsten Tag für Baptiste nicht bewegen zu wollen. Der Halbtagesausflug zog sich endlos hin. Selbst der Besichtigung der bekannten Parfümerie konnte er nichts abgewinnen. Endlich war es so weit, er konnte Virginie an ihrer Pension abholen. Gemeinsam schlenderten sie, er trug dabei ihre große buntgeblümte Badetasche, die kurze Strecke in sein Hotel.

Der Nachmittag übertraf noch seine kühnsten Erwartungen. Ausgelassen und ausgiebig nutzten beide die Angebote des Wellnessbereichs und ließen sich am Swimmingpool auf der Dachterrasse des Fairmont Monte Carlo den einen oder anderen Cocktail schmecken. Virginie, die kein Bikini-Oberteil trug, zog dabei die bewundernden Blicke der männlichen und die neidischen Blicke der weiblichen Gäste auf sich. Nach dem Abendessen, so kam sein Gutschein doch noch zum Einsatz, gingen beide händchenhaltend – spätestens seit dem Dessert hatte zwischen beiden eine stillschweigende Übereinkunft darüber bestanden – auf sein Zimmer. Er hatte ja ein Doppelzimmer gebucht. Wer wollte etwas Anstößiges daran finden.

Am frühen Sonntagmorgen – Virginie schlief wegen des Schlafmittels, das er ihr gegen zwei Uhr in das letzte Glas Champagner *danach* gegeben hatte, noch ganz fest – machte er sich ans Werk. Leise holte er die Utensilien aus seinem Koffer. Er hatte sie nicht mit seiner Kleidung in den Schrank geräumt. Er hatte sie unzugänglich in seinem Koffer aufbewahrt. Tücher, Pinzette, Gläser. Auch ein kleines Skalpell legte er bereit.

Er betrachtete den nackten Körper der Frau, die reglos auf seinem Hotelbett lag. Nicht nur ihr Gesicht, auch ihr Körper war gut proportioniert. Er hatte einen wunderschönen Abend mit ihr verbracht und das wohlige Gefühl des Zusammenseins in diesem Bett stieg noch einmal in ihm hoch. Er hatte keine Berührungsängste gehabt. Die Konfrontationstherapie war gelungen. Seine Therapeutin würde stolz auf ihn sein, wenn er ihr das erzählen würde. Aber er würde ihr nicht alles erzählen. Das, was jetzt geschah, würde er ihr nicht erzählen.

Der Drang in ihm, endlich sein eigenes ultimatives Parfüm aus dem Körper einer jungen Frau zu kreieren, wurde immer stärker und er begann, nun endlich die lang ersehnten und dringend benötigten Geruchsproben zu entnehmen.

Der Airbus 319 der Lufthansa hatte den Steigflug hinter sich gebracht und die Reisehöhe erreicht, das Signal zum Ablegen der Gurte war ertönt und die Flugbegleiter servierten Getränke und einen kleinen Imbiss – da fühlte Baptiste nach dem Glas in seiner Jackentasche. Es enthielt die Geruchsprobe. Bei der Frage, wie man den Körperduft konservieren könne, war er auf eine Praxis der Volkspolizei in der ehemaligen DDR gestoßen. Auf den Seiten des Bürgerkomitees Leipzig e.V. für die Auflösung der Staatssicherheit hatte er ein

Dokument mit dem Titel *Anleitung zur Sicherung von Geruchsspuren und Anfertigung von Geruchskonserven* mit der Inventar-Nr. 00355/2 gefunden.

In der DDR war diese Methode der Geruchsdifferenzierung ursprünglich entwickelt worden, bei der sterile Stofflappen als Träger für Geruchsspuren dienten und diese Körpergeruchsprobe in luftdicht verschlossenen Gläsern aufbewahrt wurde. Odorologie, so hatte er gelesen, war die Lehre vom Geruch und ein Zweig der Kriminalistik, der sich mit der Identifizierung von Personen durch ihren individuellen Geruch beschäftigte. Gemäß des Angaben des Dokumentes war das Tuch mittels einer Pinzette aus dem Glas zu nehmen und – bei der offiziellen Anfertigung der Geruchskonserve – seitlich in den Hosenbund der betreffenden Person in der Leistengegend zwischen Ober- und Unterhemd zu stecken und zwanzig bis dreißig Minuten dort zu belassen, um es anschließend wieder mit der Pinzette in das Glas zu befördern und dieses zu verschließen. Bei der »konspirativen«, verdeckten Methode sollte die Geruchsspur am ehesten aus Kleidungsstücken, vom Stuhl, vom Bett, vom Schreibgerät genommen werden, indem das Tuch auf den oder um den Spurenträger gelegt, mit einem sterilen Staubtuch mit Alufolie abgedeckt und mit Steinen oder Ähnlichem beschwert wird. Nach einer Einwirkungszeit von mindestens dreißig Minuten der Spurenträger in das vorher natürlich wieder verschlossene, jetzt geöffnete Glas mit der Pinzette verbracht werden. Für die Gewinnung von Geruchsproben bei Vernehmungen zum Beispiel war ein Stuhl entworfen worden, über dessen Sitzfläche ein steriles Tuch gespannt wurde, auf dem die Person Platz zu nehmen hatte.

Er hatte bei Virginie die direkte Methode anwenden können. Zufrieden setzte er sich den Kopfhörer auf, brachte seinen Sessel in die Ruheposition, nippte an seinem Cognac und dachte an BEA.

Etwa zur gleichen Zeit betrat das Zimmermädchen des Hotels das Doppelzimmer. Sie war überrascht, dass auf dem Bett eine nackte Frau lag. Der Hotelgast hatte schon vor Stunden ausgecheckt. Vorsichtig berührte sie die Schulter der Frau: »Madame, excusez-moi. Réveillez-vous, s'il vous plait.«

Keine Reaktion. Die Frau blieb unbeweglich liegen. Das Zimmermädchen berührte die Schulter erneut, diesmal etwas stärker. Erschrocken zog sie die Hand zurück. Ein kurzer Schrei entfuhr ihrer Kehle. Die Schulter war kühl.

Sie musste die Polizei rufen. Die junge Servicekraft erholte sich von ihrem Schrecken nur mühsam. Sie atmete tief durch, als sich der leblose

Körper bewegte, was in diesem Augenblick nicht minder erschreckend war.

»Madame, Madame, werden Sie wach«, schrie sie fast und schüttelte die junge Frau erneut, diesmal heftig. »Sie müssen aufstehen. Ihr Begleiter hat schon vor Stunden ausgecheckt und jetzt muss das Zimmer geräumt werden. Ich muss hier für die nächsten Gäste alles sauber machen.«

»Mistkerl«, murmelte Virginie schlaftrunken und setzte sich auf die Bettkante. Sie hatte Kopfschmerzen und in der Leistengegend brannte die Haut. Tranig schaute sie auf die gerötete Hautstelle.

»Ich wollte schon die Polizei rufen.« Das Zimmermädchen wirkte verstört.

»Die Polizei?« Virginie starrte auf den roten brennenden Fleck auf ihrer Haut. »Nein, lassen Sie es mal gut sein. Ich kümmere mich selbst darum. In fünf Minuten habe ich das Zimmer geräumt, dann können Sie hier alles für die neuen Gäste herrichten.«

Als sie allein war, zog sie sich an. Dabei taumelte sie. Wie wackelig sie auf den Beinen war. So viel hatte sie am vergangenen Abend auch wieder nicht getrunken. Irgendetwas stimmte nicht. Sie verließ das Hotel und nahm sich vor, erstmal mit der Tochter ihrer Pensionswirtin Madame Junot zu sprechen, denn diese, so hatte die Mama voller

Stolz erzählt, arbeitete bei der monegassischen Kriminalpolizei.

Kirchgarten

Durchbohrt von sieben lanzenartigen Stäben des schmiedeeisernen Gitters, welches den kleinen Kirchgarten umgab, hing der Tote bäuchlings über dem Zaun. Die Gliedmaßen waren eigenartig verbogen, der Kopf ein wenig zur Seite geneigt und gestattete so dem Betrachter einen Blick in das Gesicht des Verstorbenen. Der Mund war weit geöffnet, das aus dem linken Mundwinkel herausgelaufene Blut geronnen und die starren Augen spiegelten noch das Entsetzen wider, welches den für seine Körpergröße viel zu schweren Mann ergriffen haben musste, als er sein Ende im wahrsten Sinne des Wortes auf sich zukommen sah. Unter den roten Blutresten an den Spitzen des Gitters, die den wuchtigen Oberkörper von vorne durchdrungen hatten und auf der Körperrückseite aus der grünen Trainingsjacke herausragten, war ansatzweise noch das Gold der ursprünglichen Lackierung zu erkennen.

»Wissen wir schon, wer der Tote ist?«, fragte Céline Junot ihren Kollegen von der Spurensicherung. Die stellvertretende Leiterin der monegassischen Kriminalpolizei war der internen Organisationsverteilung nach zuständig für Tötungsdelikte aller Art, inklusive der Fälle mit noch ungeklärten Umständen. Gérard Deschamps war nur wenig später nach dem Streifenwagen am

Fundort der Leiche eingetroffen, in unmittelbarer Nähe zu der kleinen steinernen Chorturmkirche inmitten des alten Dorfkerns von La Turbie. Der Ort lag etwa acht Kilometer westlich von Monaco, gehörte aber in den Zuständigkeitsbereich der monegassischen Polizei.

»In seiner Gesäßtasche haben wir sein Portemonnaie gefunden – mit allem drin: Personalausweis, Dienstausweis, Führerschein, rund 300 Euro in bar, EC-Karte, American-Express-Karte, Organspende- und Diabetikerausweis sowie einige Visitenkarten: Professor Dr. René Ogier«, sagte Gérard.

»Organspender und Diabetiker – widerspricht sich das nicht?«

»Weiß ich nicht. Und wenn? Den Organspenderausweis kann man sich doch überall einfach so besorgen. Da werden, soweit ich weiß, keine aktuellen Angaben über den Gesundheitszustand erfragt.«

»Wisst ihr auch etwas über seinen Beruf?«

»Ja. Laut Visitenkarte und Dienstausweis war er Professor und geschäftsführender Direktor des Instituts für Archäologie der Sorbonne.«

»Ein Archäologe? Was hat der denn hier gewollt?

»Graben. Um mehr zu erfahren, fragst du am besten die Zeugin, die den Toten heute Morgen gefunden hat. Marie Missilier, zweiundsiebzig Jahre, Witwe, wohnt dort drüben an dem Bachlauf in dem kleinen mit Felssteinen gemauerten Häuschen. Sie hat heute gegen sechs Uhr in der Früh, als sie ihre Fensterläden aufmachte, den Mann hier hängen sehen. Madame Missilier ist in der alten Dorfkirche eine Art Küsterin. Glocken läuten und so. Mehr ist da ja nicht mehr«, sagte Gérard und deutete mit dem ausgestreckten rechten Arm in Richtung eines etwas heruntergekommenen, dringend renovierungsbedürftigen Hauses.

»Madame Missilier? Guten Morgen. Ich bin Céline Junot von der Kriminalpolizei. Das ist meine Kollegin Olivia Grange. Ich habe ein paar Fragen an Sie.«

»Kommen Sie doch herein.«

»Sie kannten den Toten?«, fragte Céline, die sich in der kleinen und sehr niedrigen Wohnküche an dem blitzblank geputzten Tisch niedergelassen hatte.

»Ja. Das ist Professor Ogier. Der hat am Montag angefangen, in der Kirche zu graben. Unsere alte Kirche ist seit 1954 wegen des beschränkten Platzangebotes und der hohen Feuchtigkeit im Mauerwerk ungenutzt – mit Ausnahme des Glockenturms. Sie soll demnächst umfassend saniert und künftig für kulturelle und gelegentlich kirchliche Zwecke genutzt werden. Und bevor dann der Boden ausgebessert und fehlende Steine ersetzt werden sollten, wurde es Professor Ogier erlaubt, die Grabungen durchzuführen, derentwegen er unserem Bürgermeister schon seit Jahren in den Ohren gelegen hatte.«

»Hat er hier im Dorf gewohnt?«

»Nein, im Nachbarort. Im einzigen Hotel dort.«

»Wissen Sie, wonach er suchte?«

»Genaues weiß ich nicht. Die Kirche wurde wahrscheinlich im 13. Jahrhundert gebaut. Damit soll es irgendwie zusammengehangen haben. Vielleicht auch mit irgendeinem Krieg. Soldaten sollen hier eine feindliche Regimentskasse vergraben haben. Ich habe das aber auch nicht so genau verstanden ... Jedenfalls war Professor Ogier auch gestern wieder stocksauer.«

»Wieso?«

»Jeden Morgen, am Dienstag, am Mittwoch, am Donnerstag und auch heute, am Freitag, war die Grube, die er am Tag zuvor ausgehoben hatte, wieder zugeschüttet. Und auch die vielen kleinen hölzernen Pfähle, die er am Rande der Grube eingeschlagen hatte, und die, mit Schnüren verbunden, der Vermessung dienten, waren jeden Morgen herausgerissen worden. Gestern hat er außerdem den ganzen Tag über Kopfschmerzen geklagt und war unheimlich gereizt und schlechter Stimmung.«

»Hatte er irgendeinen Verdacht?«

»Nein.«

»Haben Sie einen Verdacht?«

»Monsieur Ogier und ich haben uns gestern ein Weilchen unterhalten. Ich habe ihm täglich gegen elf Uhr eine Tasse Kaffee und Brot und Käse gebracht. Natürlich gegen Bezahlung. Er mochte unseren Käse so. Und da fragte er mich, ob ich von irgendwelchen besonderen Geschehnissen oder Gerüchten um die Dorfkirche wüsste«

»Und, wussten Sie?«

»1944 wurde ein Ortsansässiger standrechtlich erschossen. Er war von einem anderen aus dem Ort wegen seiner kritischen Haltung zum Nationalsozialismus bei der Gestapo denunziert worden.«

»Und?«

»Kurz nach Ende des Krieges, im Sommer 1945, ist dieser Denunziant, der Bruder des von den Nazis eingesetzten Bürgermeisters, spurlos aus dem Ort verschwunden. Es hieß im Dorf immer, grabt nur lang und tief genug und ihr werdet ihn in der Gemarkung irgendwo finden. Und da gab es einen, den Vincent Chauvin, der ist schon lange tot, der sagte immer, ihr müsst ihn in der Dorfkirche suchen. Aber den hat niemand ernst genommen, der war ein bisschen ... na ja, Sie wissen schon.«

»Vielen Dank, Madame Missilier. Sie haben uns sehr geholfen«, sagte Céline, verabschiedete sich und schaute sich anschließend wieder am Fundort der Leiche suchend um.

»Gérard«, forderte Céline ihren Kollegen von der Spurensicherung auf, »veranlasse bitte sofort, dass die Grube in der Kirche ausgehoben wird.«

»Wie tief sollen wir denn graben?«

»Bis ihr etwas findet. Aber bitte vorsichtig. Da könnten Kunst- oder Kulturgegenstände liegen, Schätze. Aber vielleicht auch eine Leiche.«

»Wie kommst du denn darauf?«

»Weil offenbar jemand verhindern wollte, dass Ogier etwas findet. Und diese Person muss wissen, was dort vergraben ist. Um Gegenstände aus dem 13. Jahrhundert wird es sich da ja wohl kaum handeln. Bitte, kümmere dich darum.«

»Ich habe ihm gestern Abend noch gesagt, er soll aufpassen«, rief der Hundehalter, der mit seinem Mops vorbeikam und jenseits der Polizeiabsperrung mit dem rot-weißen Polizeiband stehen blieb.

»Wem haben Sie was gesagt?«, setzte Céline nach und musste doch etwas über das Hundegeschirr mit der Botschaft schmunzeln, das der Hund trug: »Prinzessin«.

»Dem Archäologen aus der Stadt, der hier seit Montag in der Kirche gräbt. Als ich gestern Abend noch einmal mit meiner Camille Gassi ging, war er gerade dabei, mit einer Videokamera um den Hals auf den Baum hier im Kirchgarten zu klettern.«

»Und was hat er Ihnen geantwortet?«

»Ich solle mich um meinen eigenen Kram scheren.«

»Und dann?«

»Ich habe ihn beim Wort genommen und bin mit Camille weiter.«

»Olivia, nimm doch bitte die Personalien des Herrn auf«, sagte Céline zu ihrer Praktikantin und ganz leise, sodass nur diese es hören konnte, »auch die von Camille«, und dann an die Kollegen gerichtet: »Habt ihr eine Videokamera gefunden?«

»Nein.«

»Kollege«, sprach Céline einen jungen sportlichen uniformierten Polizisten an. »Klettere doch bitte mal auf den Baum und schau nach, ob dort irgendwo eine Videokamera ist.«

»Ja, tatsächlich, hier ist eine«, sagte der, nachdem er geschickt den Baum erklommen und sich einige Momente in der Baumkrone umgeschaut hatte. »Auf einem kleinen Stativ montiert. Direkt an dem Ast über dem schmiedeeisernen Gitter. Sie ist auf den Eingang der Kirche ausgerichtet.«

»Bring sie herunter. Aber bitte spurenschonend.«

Céline und Olivia schauten sich auf dem Bildschirm der kleinen Kamera die Aufzeichnung an. Professor Ogier war zu sehen. Durch seinen

Standort auf einem starken Ast seitlich der Kamera und das extreme Weitwinkelobjektiv war Ogier genau im Blickfeld. Alles war aufgezeichnet worden.

»Was ich da sehe, das sind die typischen Phasen eines Zuckerschocks, einer extremen Unterzuckerung: blasse Hautfärbung, starkes Schwitzen, beschleunigte Atmung, Zittern, Lähmungserscheinungen und ...« – Célines Stimme wurde zwar ein wenig lauter, blieb aber ganz ruhig – »da, jetzt scheint er bewusstlos zu werden, kippt nach vorne weg und wird durch die darunterliegenden Zaunelemente aufgespießt.«

Olivia schwieg schockiert. Es war das erste Mal in ihrem Leben, dass sie einen Menschen sterben sah.

»Woher weißt du das mit dem Zucker?«, brachte sie nach einer Pause von vielleicht drei, vier Minuten dann aber doch hervor.

»Ich habe das auf einem Kegelausflug einmal bei einem Bekannten erlebt. Ogier hat einen Diabetikerausweis. Das passt auch zu den von Madame Missilier beschriebenen Auffälligkeiten am Donnerstag: Kopfschmerzen, Gereiztheit, schlechte Stimmung. Und dann am Abend noch die körperliche Belastung durch das Klettern – und schon ist es passiert.«

»Also kein Tötungsdelikt zum Nachteil Professor Ogiers. Kein Fall. Nur ein Unfall«, sagte Olivia ein bisschen enttäuscht. Ihren ersten Mordfall hatte sie sich anders vorgestellt.

»Wahrscheinlich. Doch endgültige Klarheit wird erst die Obduktion erbringen. Lass uns das Video trotzdem noch bis zum Ende anschauen. Vielleicht gibt es ja Hinweise auf die Person, die viermal die Grube wieder zugeschüttet hat.«

Beide schauten gebannt auf das Display, doch nichts passierte ... bis, die Uhr auf dem kleinen Bildschirm zeigte 00.27 Uhr an, einige kleine pelzige Vierbeiner im Bild erschienen.

»Was sind das denn für süße Racker?«, fragte Olivia entzückt. »Sowas habe ich ja noch nie gesehen.«

»Du bist wohl ein Stadtkind? Das sind Waschbären. Nachtaktiv und eigentlich Einzelgänger, aber es soll auch Gruppen von bis zu vier männlichen Tieren geben. Und das sind männliche Tiere. Die sind deutlich größer und schwerer.«

»Und woher weißt du das schon wieder?«, wollte Olivia wissen.

»Ich habe als Schülerin in den Sommerferien immer in dem Tierpark von Monaco gejobbt«, antwortete Céline.

»Und die Waschbären haben die Grube zugeschüttet?«

»Sieht so aus.«

»Céline, wir haben etwas gefunden. Menschliche Überreste. Einen Schädel, Knochen und eine fettwachsartige, kreidige Masse, menschliches Gewebe. In der Schädeldecke ist ein großes Loch, wie nach einem Schlag mit einem stumpfen Gegenstand«, rief Gérard, der mit schnellen, großen Schritten und ein wenig außer Atem aus der Kirche gekommen war.

»Was sagt der Rechtsmediziner dazu?«, wollte Céline wissen.

»Unter Berücksichtigung von Umgebung, Tiefe, Bodenbeschaffenheit, Feuchtigkeit und Bodentemperatur: zwischen sechzig und siebzig Jahren Liegezeit«, antwortete Gérard.

»Auf, machen wir uns ans Werk. Nach einem gelösten Fall ist immer vor dem nächsten zu lösenden Fall. Mord verjährt nicht«, sagte Céline. »Und erkundigt euch schon mal bei Madame Missilier nach dem Namen des Mannes, der 1944 standrechtlich erschossenen wurde, und nach dem des vermutlichen Denunzianten und ob noch Nachkommen von Vincent Chauvin im Ort wohnen ...«

Waffengang

Wo vor wenigen Sekunden noch die wütenden Rufe und undefinierbaren Laute aus gut zwei Dutzend Männer- und Frauenkehlen erschallt waren, das Klirren aufeinandertreffenden Stahls die morgendliche Stille durchbrochen hatte, herrschte jetzt entsetztes Schweigen. Die Kämpfer, die soeben noch wie weiße Mäuse im Käfig paarweise umhergewuselt waren, standen nun wie zu Salzsäulen erstarrt.

»Ich rufe die Polizei «, sagte Alain Foucart, der als Erster wieder klar denken konnte.

»Was macht denn der Didi da?«, rief eine andere Beteiligte, die auch wieder ihre Worte gefunden hatte, und zeigte mit dem ausgestreckten Arm auf einen flüchtenden Mann in schwarzer lederner Rüstung, der im Unterholz des weitläufigen Fort Antoine verschwand.

Erst nach dem Verlassen des Geländes der Polizeidirektion wurden üblicherweise die Sondersignale eingeschaltet. Der neue Streifenwagen, ein Renault Scenic, mit hundertzehn PS ganz ordentlich motorisiert, fuhr die Avenue Saint-Martin runter. Die Ampel am Ende der Straße zeigte rot. Vorsichtig fuhr er mit Blaulicht und Sirene in die Kreuzung, um dann rechts in Richtung Fort Antoine zu beschleunigen. Von null auf hundert in

11,7 Sekunden und hundertneunzig km/h, hatten sie von einem Kollegen gehört. Während der kurzen Strecke hingen die beiden Polizeibeamten ihren Gedanken nach.

»Habe ich das eben richtig verstanden?«, sagte der ältere der beiden, Brigadier Richard Verne, auf dem Beifahrersitz. »Die Leitstelle schickt uns zu einem Schwertkampf? Dort sei ein Mann durch einen Schwerthieb schwer verletzt worden?« Verne hatte gerade seinen fünfzigsten Geburtstag gefeiert und war – wie einige seiner Kollegen in diesem Alter – ein wenig aus den Nähten gefallen.

»Ja, das hast du. Und wenn du heute Morgen die *monaco-matin* gelesen hättest, wüsstest du auch Bescheid, worum es eigentlich geht.«

»Dann lass mich nicht im Unklaren. Also, worum geht es?«

»Ich würde mich bei der Geschwindigkeit, die wir im Moment drauf haben, lieber hier auf die kurvige Straße konzentrieren«, sagte der Jüngere auf dem Fahrersitz, ein Praktikant.

»Du weißt schon, dass ich ein entscheidendes Wort bei deiner Beurteilung mitrede? Und wenn du noch nicht einmal zwei Sachen gleichzeitig zustande bringst ... außerdem hängen uns der Notarztwagen und der Rettungswagen schon fast im Auspuff. Die setzen gleich den Blinker zum Überholen. Mann, ist das peinlich.«

»Na gut«, sagte Lucien Giano, der junge Polizeikommissar-Anwärter. »Das Ganze nennt sich ‚Reenactment Combat Fighting', versteht sich als Sport und wird nach einem Regelwerk, dem Codex Belli, den ‚Schlachtregeln', betrieben. Gekämpft wird mit Schwertern, Lanzen, Streitäxten und Schilden. Mann gegen Mann – beziehungsweise Frau gegen Frau. Und meistens in der typischen Ritterkleidung des Mittelalters.«

»Wollen die sich gegenseitig umbringen?«

»Nein. Ziel ist es, den Gegner mit der Waffe innerhalb von festgelegten Körperzonen so zu treffen, dass dieser dabei nicht verletzt wird und man gleichzeitig nicht selbst getroffen wird. Geschick, Ausdauer, Fairness und Disziplin sind gefragt. Kondition und Reaktionsfähigkeit werden gefördert. Trotz der Waffen aus Stahl soll das Ganze ungefährlich sein. Die Klingen und Spitzen müssen abgerundet und abgestumpft sein und unter der Kleidung sollte ein Ganzkörperschutz getragen ...«

»Und das stand alles in dem Zeitungsartikel?«

»Genau, und nicht nur ...«

»Da vorne muss es sein«, sagte Verne und deutete auf die Menschenansammlung, die auf einem Behelfsparkplatz oberhalb der Grünanlage zu sehen war.

»So ein Sonntagmorgen im Bett ist doch immer wieder schön«, sagte Brigitte.

»Wollen wir einmal hoffen, dass wir das auch genießen können. Beim letzten Mal, wenn ich mich richtig erinnere, musste ich zu einem Tatort«, sagte Céline.

»Andere Kommissariate kriegen das doch auch hin«, mäkelte Brigitte. »Nimm dir ein Beispiel an mir. Wir haben im Staatsschutz eine Bereitschaft und da bin ich nur alle paar Wochen dran.«

»Aber wenn bei euch, sagen wir mal im wahrsten Sinne des Wortes, die braune Scheiße am Dampfen ist‘, dann musst du auch raus. Also tu doch nicht so. Bei den rund zwanzig Tötungsdelikten im Jahr ist doch klar, dass die Kommissariatsleiterin dann, wenn sie zuhause erreichbar ist, auch an den Tatort kommt. Das wird einfach von mir erwartet. Und das ist auch richtig so.«

»Ich wollte ja nur ...«

»Außerdem ist unsere Personaldecke im Moment ziemlich dünn: Melanie ist in Elternzeit. Marcel hat ein Burnout. Alexandre ist zu einer zweiwöchigen Fortbildung.«

In dem Moment klingelte Célines Handy, das in der Nacht immer in Griffweite neben dem Wasserbett lag.

»Es ist die Leitstelle«, sagte Céline nach einem Blick auf das Display augenrollend zu Brigitte. Und das Ganze in einem Tonfall, der Brigitte ahnen ließ, dass es nun vorbei war mit dem gemütlichen Sonntagmorgen im Wasserbett.

Als die rund zwei Dutzend Menschen die beiden uniformierten Polizeibeamten, den Notarzt und die zwei Rettungsassistenten in ihrer rot-weißen Signalkleidung auf sich zukommen sahen, machten sie bereitwillig eine Gasse frei, an deren Ende einer der ihren im Rittergewand in einer großen Blutlache lag. Das noch körperwarme und dampfende Blut verteilte sich auf dem Boden unter den verrenkten Gliedmaßen, wobei beide Oberarme seltsam parallel in Richtung Osten wiesen, und sickerte langsam in das Erdreich ein.

»Da ist nichts mehr zu machen«, sagte der Notarzt, der sich über den Mann gebeugt hatte. »Der Kopf ist fast vom Rumpf getrennt. Der wird nur durch einige Muskeln und Gewebeteile gehalten. Die Halswirbelsäule ist zwischen dem fünften und dem sechsten Halswirbel durchtrennt.«

»Merkwürdiger Gesichtsausdruck«, sagte Verne, »sieht aus, als würde er breit grinsen.«

»Weiß nicht«, antwortete Lucien Giano, der heute das erste Mal in seinem Leben eine Leiche sah. »Die weit aufgerissenen Augen, die aus dem halb geöffneten Mund links herausfallende Zunge … Grinsen sieht für mich anders aus.«

»Jetzt gehen Sie erst einmal alle zwanzig Schritte zurück, damit wir hier absperren können, und wehe, einer von Ihnen versucht abzuhauen. Sie bleiben alle schön hier«, sagte Verne, und zu seinem jungen Kollegen gewandt: »Ruf die Leitstelle an. Sag denen, was hier passiert ist, und dass wir den ganz großen Bahnhof brauchen: Spurensicherung, Mordkommission.«

»Geht klar«, sagte der junge Praktikant und setzte sich mit lässiger Miene, das hatte er vor dem Spiegel zuhause geübt, in den Renault an das Funkgerät.

»Mona für Mona 11/42«, rief er die Leitstelle.

»Wer hat denn hier das Sagen?«, fragte Verne mit seiner lauten Stimme und sah sich in der Rolle des Polizeiführers vor Ort, der die ersten, oftmals ganz entscheidenden polizeilichen Maßnahmen treffen musste.

»Das bin ich«, sagte ein Mann in einer einfachen braunen Lederrüstung, gut 185 Zentimeter groß und mit Naturglatze bestraft oder belohnt – je nach Sichtweise.

»Und Sie sind wer?«

»Alain Foucart. Ich bin der Trainer unserer Gruppe.«

»Was haben Sie gesehen?«

»Nichts. Ich war ja auch mitten im Kampf. Und im Streitaxtkampf muss man ganz besonders aufmerksam sein. Erst als um mich herum immer mehr Kämpfe eingestellt wurden und ich Claude am Boden habe liegen sehen, habe ich gemerkt, dass etwas nicht stimmt«, sagte Foucart.

»Hat hier irgendjemand etwas gesehen?«, wandte sich Verne jetzt wieder an die Menge.

»Ich habe etwas gesehen«, sagte eine der wenigen weiblichen Kämpferinnen. »Didi und Claude waren im Kampf Mann gegen Mann. Didi musste ganz schön einstecken und war ziemlich in Bedrängnis, da gelang es ihm, sich frei zu machen und zu einem gewaltigen Schlag mit seinem Schwert auszuholen ... und das Nächste, was ich gesehen habe, war, dass Claude blutüberströmt am Boden lag.«

»Wer sind Sie?«, fragte Verne die ihm gegenüber stehende, ein Kettenhemd tragende Frau, die ihn um gut zwei Köpfe überragte, und hoffte gleichzeitig, dieses Weib nicht irgendwann einmal verhaften zu müssen – insbesondere dann nicht, wenn sie sich dagegen sträuben würde.

»Maxime Renard.«

»Claude heißt also der Tote?«

»Ja«, sagte Maxime Renard.

»Claude, und wie weiter?«

»Claude Leroux. Dr. Claude Leroux. «

»Und wer ist und vor allem wo ist Didi?«

»Didier Ducassé. Didi hat sich unmittelbar nach dem Vorfall ins Unterholz verdrückt.«

»Und das sagen Sie mir erst jetzt? Wie sieht er aus? Ich will eine Personenbeschreibung. Los, Mann. Äh, Madame.«

»Zwischen 170 und 180 Zentimeter groß, nicht so kräftig, rote gelockte Haare, roter Vollbart, trägt eine schwarz gefärbte Lederrüstung. Eine Seele von Mensch.«

»Wo bleibst du denn so lange?«, empfing Verne seinen jungen Kollegen ungeduldig.

»Funk funktioniert mal wieder nicht. Kein Empfang hier oben. Wird Zeit, dass der Digitalfunk endlich kommt«, antwortete dieser entschuldigend. »Ich habe telefoniert. Die Verstärkung kommt aber.«

»So lange sonst niemand da ist, müssen wir das eben machen«, sagte der Streifenführer, und wählte auf seinem neuen Smartphone, mit dessen Bedienungsoberfläche er noch kämpfte, die Nummer der Leitstelle.

»Ja, Personenfahndung«, sagte Verne bestätigend und gab die Personenbeschreibung durch. »Und verschwendet keine Zeit und spart nicht mit den Kräften: Hubschrauber, Bereitschaftspolizei. Wir suchen, glaube ich, nach einem Mörder.«

»Und jetzt?«, wollte Lucien wissen.

»Pass du mal auf, dass die hier nichts anrühren«, sagte der Streifenführer zu dem jungen Praktikanten und wandte sich den versammelten

Kämpfern zu. »Also, Herrschaften. Ich schlage vor, wir gehen jetzt alle in das benachbarte Ozeanografische Institut. Die haben dort oben doch bestimmt einen großen Raum, wo wir wenigstens im Warmen warten können. Vielleicht gibt es ja auch einen heißen Tee und Kaffee. Und bis die Kollegen kommen, beginne ich schon einmal damit, Ihre Personalien aufzunehmen.«

Céline Junot, die Leiterin der Mordkommission, und Gérard Deschamps von der Spurensicherung erreichten den inzwischen abgesperrten Parkplatz unterhalb der Grünanlage fast zur gleichen Zeit.

»Hallo Gérard, da hätten wir ja eine Fahrgemeinschaft bilden können«, begrüßte Céline ihren Kollegen freundlich. Gérard gehörte zu den netteren männlichen Kollegen. »Du bist spät dran. Normalerweise komme ich immer erst einige Zeit nach dir.«

»Viel zu tun heute. Ich weiß auch nur, was du wahrscheinlich auch von der Leitstelle weißt: Tod im Schwertkampf. Möglicherweise ein Unfall. Und der, der vermutlich zugeschlagen hat, hat sich in den Wald verdrückt.«

»Ja, mehr weiß ich auch nicht. Außer, dass der Hubschrauber gerade im Anflug ist«, sagte Céline und deutete mit blinzelnden Augen auf die am Horizont auftauchende, in der Sonne silbrig-blau glänzende Maschine, die sofort ihre Kreise in niedriger Höhe über der Stadt zog.

»Und der Mann, mit dem Claude Leroux gekämpft hat, war Didier Ducassé?«, fragte Céline die junge Frau, die genau dies zuvor ausgesagt hatte. Das hatte ihr Verne mitgeteilt. »Und da sind Sie sich sicher?«

»Ja, das war Didi. Er trägt als einziger bei uns eine schwarz gefärbte Lederrüstung.«

»Trug er auch eine Kopfbedeckung?«

»Ja, passend zur Rüstung einen schwarzen ledernen Vollkopfschutz.«

»Konnten Sie sein Gesicht sehen?«

»Nein. Aber wie gesagt ...«

»Haben Sie gesehen, wie der Schlag geführt wurde?«

»Ich habe eben schon Ihrem Kollegen gesagt, dass ich gesehen habe, wie Didi sich aus einer bedrängten Lage lösen konnte und zu einem gewaltigen Schlag ausholte ... dann war ich für einen Moment abgelenkt ... und das Nächste, was ich gesehen habe, war, dass Claude am Boden lag.«

»Wie lange waren Sie etwa abgelenkt?«

»Ein, zwei Sekunden vielleicht. Länger auf keinen Fall.«

»Können Sie absolut ausschließen, dass es jemand anders gewesen ist als Didier Ducassé?«

»Es müsste schon mit dem Teufel zugegangen sein.«

»Das beantwortet nicht meine Frage.«

»Tut mir leid. Etwas anderes kann ich Ihnen nicht sagen.«

»Mona 11/42 für Mona 3, kommen«, funkte der Pilot des Polizeihubschraubers an den auf den Parkplatz im Streifenwagen sitzenden Beamten.

»Hier Mona 11/42, kommen.«

»Unsere Wärmebildkamera hat etwas gefunden. Einen unbeweglichen Körper, dessen Eigentemperatur deutlich über der Umgebungstemperatur liegt. Mensch oder Tier können wir von hier aus nicht in dem dichten Nadelwald feststellen. Wir kreisen über der Fundstelle, bis ihr da seid.«

»Hier Mona 11/42, verstanden, Ende.«

»Sie sind also Monsieur Foucart, der Trainer dieser Gruppe?«, wandte sich Céline an den Mann, den ihr Verne gezeigt hatte.

»Ja, das bin ich.«

»Können Sie mir etwas über Claude Leroux sagen?«

»Viel weiß ich nicht. Uns verbindet die Liebe zum Kampf. Alles andere ist uns eigentlich egal. Er muss ziemlich Schotter haben. Fährt einen Audi Q7, so einen protzigen SUV, und wohnt hier in Monaco in einer großzügigen, mehrgeschossigen Eigentumswohnung, fast in einer Art Haus.«

»Wissen Sie, in welcher Branche er arbeitete?«

»Das muss irgendetwas mit Waffen zu tun haben. Irgendwann beim Grillen nach einem Kampf, da hat er erzählt, dass zwischen dem, was er beruflich macht, und dem, was er bei uns als Hobby betreibt, zwar 1.500 Jahre liegen, die ursprüngliche Zielrichtung der eingesetzten Gegenstände aber die gleiche sei: Menschen zu töten.«

»Haben Sie sich weiter darüber unterhalten?«

»Nein. Irgendjemand rief, dass das Spanferkel zuende sei, und dann ging es erst einmal nur noch um eins: ums Essen.«

»Gibt es noch irgendetwas, was Ihnen aufgefallen ist?«

»Ja.«

»Erzählen Sie es mir, Mann.«

»Der Schlag widerspricht dem Codex Belli. Schläge zum Kopf und zum Hals sind nämlich nicht zulässig und«, das fügte Foucart besonders betonend hinzu, »das würde Didi niemals tun.«

»Was bitte ist der Codex Belli?«

»Codex Belli sind die Schlachtregeln, auf die sich die Kämpfer einigen.«

»Und was gehört da so im Einzelnen dazu?«

»Ich habe eine kleine Broschüre im Handschuhfach meines Autos liegen, die kann ich Ihnen geben. Da steht alles drin.«

»Gerne. Danke. Gelten die Regeln immer und überall gleich?«

»Es gibt einen Standard. Aber auch hier gibt es so etwas wie Vertragsfreiheit. Wenn sich zwei Parteien auf bestimmte Regeln einigen, dann soll es so sein ...«

»Bedeutet das, sagen wir mal, dass sich Ducassé und Leroux auch auf einen Kampf auf Leben und Tod hätten einigen können?«

»Grundsätzlich ja. Aber das wäre ja illegal. Und warum hätten sie dies tun sollen? Außerdem, wie gesagt, das würde Didi nicht tun.«

»Wollen Sie mich begleiten?«, fragte Céline Brigadier Verne. »Ich muss der Ehefrau von Claude Leroux die Nachricht vom Tode ihres Mannes überbringen. Und ich möchte da nur ungerne alleine hinfahren. Von meinen Kollegen aus der Mordkommission erreiche ich niemanden. Sonntag halt.«

»Haben Sie denn schon alle notwendigen Informationen?«, fragte Verne.

»Alles gecheckt«, antwortete Céline.

»Wir kommen mit«, sagte Verne und hielt Céline die Beifahrertür auf. »Darf ich Ihnen vorher noch Polizeikommissar-Anwärter Lucien Giano vorstellen. Meinen Streifenpartner.«

»Hallo, junger Kollege«, begrüßte Céline den aufgeweckt erscheinenden Praktikanten mit dem roten kurz geschnittenen Haarschopf und der überaus gesunden Gesichtsfarbe. »Ich setze mich aber hinten hin.«

Gerade in dem Moment, als Lucien Giano den Wahlschalthebel des Automatikgetriebes auf D gestellt hatte und Gas geben wollte, kam Gérard Deschamps mit wild gestikulierenden Armen direkt von vorne auf den Streifenwagen zugelaufen und signalisierte deutlich: Stopp.

»Wir haben eine weitere Leiche gefunden«, sagte Deschamps.

»Wisst ihr schon, wer es ist?«

»Didier Ducassé«, sagte Deschamps. »Keine zehn Minuten von hier. Hing an einem Baum. Aufgehängt.«

»Selbsttötung?«, wollte Céline wissen.

»Können wir noch nicht sagen. Doktor Prost ist noch bei der Leiche von Claude Leroux.«

»Schaut euch das bitte ganz genau an. Und ihr dokumentiert alles. Ich dulde da keine Schlamperei.«

»Geht in Ordnung, Capitaine.«

»Danke dir, jetzt aber auf in die Stadt«, sagte Céline. »Junger Mann, wir können dann.«

»Ich habe doch eben den Tatort gesichert. Und da ist mir etwas aufgefallen«, sagte Lucien während der Fahrt und versuchte dabei, einen Blick von Céline Junot im Rückspiegel zu erhaschen.

»Schieß los«, sagte Céline, die auf dem Rücksitz des Streifenwagens Platz genommen und gerade noch einmal vergeblich probiert hatte, ihre Kollegin Leila Laredj telefonisch zu erreichen.

»Die Klinge des Schwertes, mit dem der Leroux getötet wurde, war keinesfalls abgestumpft und die Spitze auch nicht abgerundet. Das sah alles verdammt scharf aus. Das entsprach so nicht den Regeln.«

»Du kennt dich mit dem Codex Belli aus?«

»Auskennen wäre etwas übertrieben. Ich finde den Sport sehr interessant und habe dazu einiges gelesen.«

»Vielleicht sollte ich dich schon ab sofort zu uns abordnen lassen. Bei diesem Expertenwissen«, sagte Céline lachend.

»Schicke Hütte«, sagte Verne, als der Streifenwagen vor dem Haus einparkte. »Aber auch eine Energieschleuder.«

»Mir ist das irgendwie zu kastenförmig. Wie Schuhkartons«, kommentierte Céline das mehrgeschossige, in den Hang hineingebaute Wohnhaus mit der Dachterrasse.

»Was ist denn das für ein Teil?«, fragte Céline und deutete auf eine eigenartige Konstruktion, die links neben der Eingangstür auf dem Boden lag. Im Durchmesser etwa fünfzig Zentimeter groß. Ein filigranes metallenes Kreuz mit vier vertikal stehenden Rotorblättern an den vier Enden und in der Mitte eine quietschgelbe Halbkugel, etwa so groß wie ein Fußball.

»Keine Ahnung«, sagte Verne.

»Sieht aus wie ein Quadrocopter mit eingebauter Kamera«, sagte Lucien.

»Was bitte ist ein Quadrocopter mit eingebauter Kamera?«, fragte Céline entgeistert.

»Das ist, wenn Sie so wollen«, antwortete Lucien, »die Drohne für das Kinderzimmer und den heimischen Garten. Wenn ich mich nicht täusche, ist das ein ‚dr.one 400 Quadrocopter' mit FlyCamOne-HD-Kamera und Video-Funkübertragung, optional auf V-Eyes Videobrille oder 63,5 Millimeter Bildschirm. Das kriegen Sie für unter 800 Euro in jedem Spielwarenladen.«

»Junger Mann, ich werde dafür sorgen, dass Sie sofort zu uns in die Mordkommission kommen. Und was macht man mit diesem ‚dr.one 400 Quadrocopter?'«

»Das Teil da ist natürlich nur ein Spielzeug. Kinder können ihre Eltern oder die Nachbarn beobachten. Pubertierende Jungs können einen Blick auf die sich im Bikini oder oben ohne sonnende Nachbarin werfen. Wie auch immer«, sagte Lucien.

»Ah ja. Und sonst? Wäre ja auch etwas für die Polizei ...«, sagte Céline.

»Haben wir schon«, antwortete Lucien Giano. »Da gab es doch neulich eine Anfrage eines Abgeordneten über Anzahl, Art und Zweck der Einsätze der Polizeidrohne.«

»Und, was hat man ihm geantwortet?«, wollte Verne wissen.

»Elf Einsätze hat es gegeben. Keinen im Rahmen einer politischen Demonstration oder bei einem Fußballspiel – das war vor allem die Befürchtung –, sondern alle im Rahmen von Ermittlungen bei Drogen- und Waffenhandel, Kriminalität im Rockermilieu, Bandendiebstahl und bei einem Tötungsdelikt.«

»Sonst noch etwas?«, fragte Céline.

»Ja, es gibt noch die großen Aufklärungssysteme: HERON 1, EUROHAWK und natürlich die von den USA eingesetzten Kampfdrohnen PREDATOR und REAPER.«

»Ich danke dir. So genau wollte ich es aber gar nicht wissen. Wobei diese PRE..., wie heißen die noch mal?«

»PREDATOR.«

»Die meine ich. Da wird doch diese Riesendebatte im Moment drüber geführt.«

»Genau. Inwieweit damit das Töten leichter falle, weil kein Kontakt mehr zum Gegner bestehe?«

»Die Amerikaner setzten die doch schon seit Jahren ein. Oder?«

»Seit 2004 gegen Al Kaida in Pakistan. Die Dinger haben eine Reichweite von gut 1.200 Kilometern, fliegen hundertachtzig Kilometer pro Stunde schnell und können vierzig Stunden in der Luft bleiben. Gestartet werden sie vor Ort. Flug- und Waffeneinsatz erfolgen dann von einem Container auf irgendeinem Luftwaffenstützpunkt in den USA aus.«

»Wahnsinn«, sagte Céline und klingelte dann an der Haustür.

Inzwischen hatten in dem Waldstück die Männer von dem Bestattungsinstitut, die nicht den typischen grauen Kittel, sondern jeweils eine anthrazitfarbene Kombination aus Hose und Blouson trugen, und zwei Polizisten den Leichnam von Didier Ducassé abgenommen. Drei Mann hatten mit viel Mühe und Kraftaufwand schwitzend die Leiche festgehalten, einer war auf eine wackelnde Alu-Stehleiter gestiegen und hatte das Hanfseil mit einem scharfen Messer durchtrennt.

»Und, können Sie schon etwas sagen?«, fragte Gérard den Notarzt gespannt.

»Ich kann nur den Tod feststellen«, erwiderte dieser lapidar. »Und der Kerl hier ist tot. Ob die Strangmarken nun lagegerecht sind oder nicht, das heißt, letztlich zweifelsfrei ein Suizid vorliegt oder nicht, das kann ich nicht sagen. Das überlasse ich dem werten Kollegen von der Rechtsmedizin. Ich kümmere mich in der Regel darum, Leben zu retten.«

»Wenn man vom Teufel spricht«, sagte Deschamps. »Da kommt ja auch schon Doktor Prost. Viel zu tun heute?«, begrüßte Deschamps den Rechtsmediziner.

»Hier ist wirklich heute einmal richtig was los. Nicht immer nur diese langweiligen Routinefälle. Enthauptung durch ein Schwert hatte ich bislang noch nicht in meiner Laufbahn. Ein wirklich interessanter Fall. Da lässt sich bestimmt ein Aufsatz in einer Fachzeitschrift machen. Die *Criminologie* zahlt ganz gut. Darf ich dann einmal?«, sagte Prost und bückte sich über den am Boden liegenden Toten.

»Die Todeszeit ist ziemlich klar«, sagte Deschamps zu dem Rechtsmediziner. »Da müssen Sie heute nicht lange rechnen. Nach übereinstimmenden Zeugenaussagen ist Leroux kurz nach zehn Uhr erschlagen worden. Unmittelbar danach verschwand Ducassé im Wald. Gegen 11.15 Uhr war der Hubschrauber da und circa eine Viertelstunde später hatte er den Körper mit der Wärmebildkamera gefunden. Todeszeit also zwischen zehn und 11.30 Uhr.«

»Ich mache mir lieber selbst mein Bild. Wir haben jetzt ...«, sagte Prost und schaute auf seine Uhr, »... kurz nach dreizehn Uhr. Ja, das könnte hinkommen, muss aber nicht. Könnte rein theoretisch auch eine gute Stunde früher passiert sein, also schon um neun Uhr.«

»Und die Strangmerkmale?«

»Die sind absolut lagegerecht.«

»Was wollen wir mehr?«

»Was mir nicht gefällt«, sagte Dr. Prost, »ist diese Wunde am Hinterkopf. Könnte ein schwerer stumpfer Gegenstand gewesen sein; könnte aber auch aus einem Fall auf den Hinterkopf resultieren. Näheres, wie immer, nach der Obduktion«, sagte der Rechtsmediziner.

»Aber da ist noch etwas«, sagte Prost einen kleinen Moment später. »Fesselspuren an den Handgelenken. Sieht aus wie von schmalen Kabelbindern. Und die sind relativ frisch.«

»Also auch hier großer Bahnhof mit Spurensicherung nach allen Regeln der Kunst?«, fragte Gérard.

»Genau.«

»Entschuldigen Sie bitte. Mein Name ist Céline Junot. Polizei. Das sind meine Kollegen Monsieur Verne und Monsieur Giano. Sind Sie Carol Leroux, geborene Webb?«

»Ja, das bin ich. Polizei? Was ist denn passiert?«

»Madame Leroux, dürfen wir reinkommen?«

»Nun reden Sie schon«, sagte Carol Leroux und ließ die drei in das weiträumige, in Schwarz- und Weißtönen gehaltene Designerwohnzimmer mit Blick auf den Hafen eintreten.

»Madame Leroux«, sagte Céline, nachdem sie um den gläsernen Couchtisch Platz genommen hatten, »ich muss Ihnen leider mitteilen, dass Ihr Mann zu Tode gekommen ist.«

Madame Leroux sackte in sich zusammen und vergrub ihr Gesicht in den Händen. Ihr Oberkörper vibrierte im Takt ihres Schluchzens.

»Was ist passiert? Ein Autounfall?«, brachte sie nach einigen Momenten mühsam hervor.

»Nein. Es ist bei dieser Sportart passiert, der Ihr Mann heute Morgen im Park nachgegangen ist.«

»Sie meinen doch nicht bei diesem idiotischen Schwertkampf? Da kann doch angeblich nichts passieren. Hat Claude immer versichert.«

»Tut mir leid. Aber so ist es passiert.«

»War das ein Unfall?«

»Wir wissen noch zu wenig. Tut mir leid.«

»Wer hat denn den tödlichen Schlag geführt?«

»Nach dem, was wir bislang wissen, ein anderer Sportler aus der Gruppe.«

»Und was sagt der dazu? Das gibt es doch alles nicht.«

»Wir konnten leider nicht mit ihm reden. Er ist etwa eine Stunde nach dem Vorfall in einem angrenzenden Waldgebiet erhängt aufgefunden worden.«

»Hat sich also selbst gerichtet.«

»Wie gesagt, das ist alles viel zu früh ...«

»Wer war es denn?«

»Dringend der Tat verdächtig ist ein Mann mit dem Namen Didier Ducassé.«

»Niemals. Didi doch nicht. Mein Mann und er waren doch Kameraden.«

»Kameraden? Inwiefern? Was machte denn Ihr Mann beruflich?«, fragte Céline Madame Leroux.

»Mein Mann war Ingenieur für Luft- und Raumfahrttechnik. Er hatte nach der Ausbildung zum Jetpiloten in der französischen Luftwaffe studiert und ist dann vor knapp einem Jahr als Oberstleutnant ausgeschieden.«

»Ist das nicht ziemlich früh für einen Berufssoldaten? So mit Ende vierzig auszusteigen?«

»Schon. Aber die Armee war mal wieder in einer Neuausrichtung. Und zur Verringerung der Zahl der Soldaten und Soldatinnen gab es dieses Reform-Begleitgesetz, welches die Versetzung in den Ruhestand vor Erreichen der Altersgrenze ermöglichte. Und das hat mein Mann genutzt.«

»Was hat er in seiner letzten Verwendung gemacht?«

»Sein letzter Standort war im Kompetenzzentrum für unbemannte Flugkörper.«

»War er damit nicht so etwas wie ein Experte? Ich habe einmal gelesen, dass man sich schon bemühen wollte, die Besten zu halten?«

»Man hat ihm in der Tat ein Angebot gemacht: Oberst sei absolut realistisch für ihn. Mit einer weiteren Beförderung zum Brigadegeneral könne er hingegen nicht mehr rechnen. Aber das ist natürlich genau das, wovon ein Generalstabsoffizier die gesamte Dienstzeit über träumt. Und da hat er die Konsequenzen gezogen und ist gegangen.«

»Wie sind Sie dann hier nach Monaco gekommen?«

»Er hatte nach seinem Abschied eine Vielzahl von Angeboten: Paris, Nantes, Marseille, Nizza. Das Angebot aus Nizza war besonders attraktiv und, das war nicht ganz unwichtig, ich hatte gerade diese Wohnung geerbt. So sind wir hierhergekommen.«

»Welche Rolle spielte Didier Ducassé?«

»Didier und mein Mann haben sich schon vor Jahren dienstlich kennengelernt, haben das gleiche Hobby gehabt, diesen Schwertkampf, und sind später Freunde geworden. Zuletzt versahen sie sogar gemeinsam Dienst. Didier ist ein paar Jahre älter und wurde im gleichen Jahr pensioniert, mit dreiundfünfzig Jahren, in dem auch mein Mann seinen Abschied genommen hat. Mein Mann hat ihm dann noch einen Job in der Firma in Nizza beschafft.«

»Können Sie uns bitte den Namen der Firma nennen?«

»Das war die UAS German Development GmbH & Co. KG.«

»Wofür steht dieses ‚UAS'?«

»Für Unmanned Aircraft Systems.«

»Und warum sprechen Sie von ‚war'?«

»Weil er da vor einem Monat ausgestiegen ist und sich mit einer eigenen Firma selbstständig gemacht hat.«

»In welcher Branche?«

»In der, von der er etwas versteht: unbemannte Fluggeräte.«

»Und Didier Ducassé?«

»Der hat sich aus dem Berufsleben zurückgezogen.«

»Weshalb hat denn Ihr Mann in der Firma aufgehört?«, wollte Céline wissen.

»Es gab Meinungsverschiedenheiten mit einem der beiden Gesellschafter.«

»Um welche Art von Meinungsverschiedenheiten handelte es sich denn dabei?«

»Mein Mann hat immer gesagt, das verstehst du nicht ...«

»Und das hat Ihnen als Antwort ausgereicht?«, fragte Céline verwundert nach.

»Ja«.

Céline schaute sich um. »Sie und Ihr Mann haben diese riesige Wohnung alleine bewohnt?«

»Nein. Eine Art Einliegerwohnung ist vermietet an ein junges Pärchen, das in einer Bank arbeitet. Und auf der Hauptetage hat unsere Tochter noch ihr Jugendzimmer.«

»Was macht Ihre Tochter?«

»Perrine studiert im fünften Semester Psychologie in Marseille.«

»Wann war sie das letzte Mal zu Hause?«

»Das ist drei, vier Wochen her.«

»Und Ihre Mieter – Seit wann wohnen die beiden bei Ihnen?«

»Seit nicht ganz einem Jahr.«

»Irgendwelche Besonderheiten?«

»Nein. Sehr kultivierte und sympathische junge Leute, sprechen perfekt Französisch und stammen wohl aus reichen und sehr einflussreichen Familien aus Pakistan.«

»Sind sie im Moment zu Hause?«

»Nein. Sie wollten über das lange Wochenende nach Hamburg, Freunde aus ihrer Heimat besuchen.«

»So genau sind Sie über die Pläne Ihrer Mieter informiert?«

»Ja, wir haben ein sehr gutes, fast freundschaftliches Verhältnis, und wenn die beiden weg sind, kümmere ich mich um die Katze von Jami.«

»Jami?«

»Ja, so ist der Spitzname der jungen Frau.«

»Können Sie uns die Namen Ihrer Mieter geben?«

»Ja, natürlich. Altaf Rehmani und Jamila Farid.«

»Was ganz anderes«, wechselte Céline das Thema. »Vor Ihrem Hauseingang liegt dieser Flugkörper. Ein, wie ich eben gelernt habe, Quadrocopter. Was hat es damit auf sich?«

»Den hatte Altaf sich von meinem Mann geliehen.«

»Ein Spielzeug?«, fragte Céline nach.

»Wie Männer halt manchmal sind. Mich wundert nur, dass er ihn vor dem Haus abgelegt hat. Ungewöhnlich. Er ist sonst so zuverlässig. Ich war heute den ganzen Tag nicht vor der Tür, sonst hätte ich den längst hereingeholt.«

»Eine Frage habe ich noch, rein interessehalber. Hat Ihr Mann eigentlich Kampfeinsätze geflogen?«, fragte Céline.

»Nicht direkt.«

»Was bedeutet bitte nicht direkt?«

»Er war in Afghanistan stationiert. Hat aber keine Kampfflugzeuge geflogen, sondern nur unbewaffnete Aufklärungsdrohnen.«

»Ich hätte dazu noch eine Frage«, meldete sich Lucien.

Céline nickte dem jungen Praktikanten aufmunternd zu. »Bitte.«

»Ist es da einmal vorgekommen, dass aufgrund eines Aufklärungseinsatzes einer von Ihrem Mann gesteuerten Drohne anschließend eine bewaffnete US-Kampfdrohne mit Tötungsmission oder ein Kampfflugzeug eingesetzt wurde?«

»Nein. Sicher nicht. Das hätte mein Mann mir garantiert erzählt.«

»Danke. Wir gehen dann«, sagte Céline.

»Was sollte denn deine Frage eben zu Tötungsmissionen einer US-Kampfdrohne?«, fragte Céline, als sie wieder im Auto saßen.

»Na ja, nehmen wir doch einmal an, da ist irgendwo in Afghanistan durch den Beschuss mit einer Kampfdrohne oder einem Kampfflugzeug eine Siedlung zerstört und eine ganze Familie getötet worden. Vielleicht aus einer einflussreichen und mächtigen Familie.«

»Ja, und?«

»Und nehmen wir weiter an, diese Familie will Rache. Sie stellt Nachforschungen an. Wer hat die Kampfdrohne oder den Jet gesteuert? Wer hat den Einsatz genehmigt und befohlen? Wer hat den Einsatz angefordert? Wer hat die Aufklärungsfotos gemacht? Das kriegt man sicher raus.«

»Weiß nicht.«

»Hast du von Henning Mankell den Roman *Der Chinese* gelesen?«, fragte Lucien.

»Nein. Warum?«

»Da hat ein finanzstarker Chinese die Einwohner eines kleinen schwedischen Dorfes, alle Angehörige einer einzigen Familie, aus Rache getötet, weil deren ausgewanderter Vorfahre vor mehr als zweihundert Jahren als Vorarbeiter beim Eisenbahnbau in Amerika chinesische Zwangsarbeiter misshandelt, vergewaltigt und getötet hatte, darunter auch eine junge Ehefrau und Mutter, eine Vorfahrin genau dieses einen, jetzt zu Reichtum gekommenen Chinesen.«

»Interessant. Aber du hast ja ihre Antwort gehört: Es hat keinen derartigen Vorfall gegeben.«

»Sagt sie. Der muss ihr ja nicht alles erzählt haben. Vielleicht darf er Derartiges auch gar nicht erzählen. Geheimhaltungsstufe.«

»Ziemlich gewagte Hypothese, findest du nicht?«, sagte Céline.

»Hmmm.«

»Dass man als Privatmann den Namen eines Piloten herausbekommt, der ein Kampfflugzeug gesteuert hat, von dem eine tödliche Rakete abgefeuert wurde, halte ich schon für ziemlich unwahrscheinlich. Aber dass man den Namen des Piloten herausbekommt, der irgendwo in einem klimatisierten Container am Computerbildschirm sitzend mit einem Joystick eine Aufklärungsdrohne lenkt, die Bilder macht, aufgrund derer dann ein Raketenangriff erfolgt, das ist doch absurd. Und du hast ja gehört: weder todbringende Kampfeinsätze geflogen noch todbringende Kampfeinsätze verursacht, angefordert, veranlasst oder genehmigt.«

»Trotzdem. Lass uns zurückgehen. Ich will mir diesen Quadrocopter genauer anschauen«, antwortete Lucien fast schon ein bisschen trotzig.

»Mein Kompliment, junger Mann«, lobte Jacques Tailleur den jungen Praktikanten Lucien Giano, nachdem sie sich im Kommissariat die im Quadrocopter gespeicherten Videoaufnahmen angeschaut hatten. Ein Bekennervideo ganz anderer Art. Das Fluggerät, von Jamila Farid gesteuert, hatte alles genauestens aufgezeichnet. Wie Altaf Rehmani Didier Ducassé am Parkplatz abfängt, ihn unter einem Vorwand in den Wald lockt und tötet, wie er dessen Rüstung anzieht und im Schwertkamp Claude Leroux köpft – die einzig gerechte Strafe in der Tradition der Väter – und wie beide gemeinsam, Altaf und Jamila, anschließend die Geschichte ihrer Familien erzählen, die fast gänzlich bei einem Drohnenangriff in Pakistan ums Leben gekommen sind.

»Du hast doch eben gesagt, dass Leroux nur Aufklärungsdrohnen geflogen habe«, wandte Céline ein.

»Bei diesem einen bewussten Einsatz war Leroux im Rahmen einer Fortbildung gemeinsam mit Ducassé in den Staaten und durfte halt im klimatisierten Steuerstand für die Kampfdrohne PREDATOR auf der US-Air-Base auch einmal an den Joystick ...«

Wo ist Leila?

»Hat sich unsere Kollegin inzwischen endlich gemeldet?«, fragte Céline im Geschäftszimmer der Mordkommission, als sie aus der Rechtsmedizin zurückkam. Céline hatte längst aufgehört, ihre Teilnahmen an den Obduktionen zu zählen. Zu viele waren es im Laufe der Jahre geworden. Die Anblicke der aufgeschnittenen Körper begleiteten sie regelmäßig noch mindestens eine Nacht lang.

»Nein. Kein Ton von Leila. Aber da hat ein Capitaine Tourvel angerufen. Geheimdienst. Er wird es morgen noch einmal probieren«, sagte Jeanette Crasset, die gute Seele des Geschäftszimmers.

»Hat er gesagt, worum es geht?«

»Um eine Mitarbeiterin von dir im Kommissariat.«

»Hhmm. Da kommen nicht viele in Betracht: du, Melanié, die aber ist in Elternzeit, und ... Leila. Antoinette kann er nicht gemeint haben, die ist erst seit gestern Morgen bei uns. Na gut. Warten wir es ab.«

»Ich hatte euch gebeten, noch einen Moment zu bleiben«, sagte Céline zu ihrem stark geschrumpften Team. Jeanette, Antoinette und Lucien hatten kurz nach siebzehn Uhr in Célines Büro in den roten Clubsesseln, eine Reminiszenz an Célines parteipolitische Orientierung, Platz genommen. »Es geht um Leila. Sie hat sich noch immer nicht gemeldet.«

»Wie lange ist sie denn jetzt schon überfällig?«

»Sonntagvormittag hätte ich sie am Tatort gebraucht. Jetzt haben wir bereits Dienstag. Also der dritte Tag.«

»Musst du das nicht der Verwaltung mitteilen, dass Leila nicht zum Dienst erschienen ist?«, fragte Antoinette.

»Ja, eigentlich schon. Ich bin aber nicht ihr Kindermädchen.«

»Was bedeutet das denn dienstrechtlich?«, wollte Lucien wissen.

»Das musst du doch wissen. Du hast doch im Moment Dienstrecht als Lehrfach an der Hochschule. Also subsumiere doch mal«, forderte Céline den Praktikanten auf.

»Hhmm. Ich würde mal sagen: Dienstvergehen. Eröffnung eines Disziplinarverfahrens und Verhängung einer Disziplinarmaßnahme. Meiner Meinung nach: Verweis«, argumentierte Lucien.

»Ja, das könnte hinkommen«, sagte Céline.

»Und du bist mit drin, wenn du das deckst«, sagte Lucien.

»So weit sind wir noch nicht. Lasst uns doch systematisch darangehen. So, als wenn wir dienstlich eine Vermisstensache zu bearbeiten hätten. Was würden wir tun?«

»Mit Verwandten, Freunden, Bekannten, Kollegen und Nachbarn reden.«

»Handy orten.«

»Wohnung durchsuchen.«

»Private und dienstliche E-Mail-Accounts öffnen und lesen.«

»Auto zur Fahndung ausschreiben.«

»Gesuchte Person zur Fahndung ausschreiben.«

»Verbindungsdaten des Telefonanbieters anfordern und überprüfen.«

»Bankkonto überprüfen.«

»Krankenhäuser abtelefonieren.«

»Verbleib von Dienstpistole und Munition abklären.«

»Suche nach riskantem Lifestyle.«

»Was meinst du damit?«, fragte Céline den Praktikanten Lucien.

»Spielerin, Drogen, One-Night-Stands, Speed-Dating, spezielle soziale Netzwerke im Internet und so.«

»Du hast ja eine blühende Fantasie.«

»Abschiedsbrief suchen.«

»Mit Hausarzt reden.«

»Das sind aber fast alles Maßnahmen nach dem monegassischen Polizeirecht oder der Strafprozessordnung. So einfach ist das nicht«, sagte Céline. »Was wissen wir eigentlich über den Menschen Leila Laredj? Kindheit, Jugend, Elternhaus, Geschwister, Wünsche, Träume, Männer,

Wertvorstellungen, Ziele, Interessen, Hobbys? Wo und wie wohnt sie? Ich habe keine Ahnung.«

»Sie war aber auch immer sehr verschlossen. Hat nie etwas über sich erzählt.«

»Ich habe bei einer Observation mal fast eine ganze Nacht mit ihr im Auto zugebracht. Da hat sie so einiges von sich erzählt«, sagte Antoinette.

»Erzähl schon«, forderte Céline die junge Kollegin auf.

»Sie hat mir erzählt, dass sie in Syrien geboren und aufgewachsen ist. Ihr Vater war Gastarbeiter der ersten Generation in Frankreich. Sie hat noch vier Brüder, die deutlich älter sind als sie selbst. Sie sei ein Nachkömmling, ein Betriebsunfall gewesen, hat sie damals selbst gesagt. Die Familie habe in ziemlich bescheidenen Verhältnissen und streng islamisch gelebt.«

»Hat Leila erzählt, wie sie es geschafft hat, aus diesen speziellen ethnisch-kulturellen Bedingungen rauszukommen, ihr Abitur zu machen, zur Polizei zu gehen?«, fragte Céline.

»Andeutungsweise«, sagte Antoinette. »Es hat zum einen eine Lehrerin gegeben, die sich sehr stark für sie eingesetzt hat, und dann war noch ihre Großmutter väterlicherseits, die ganz entgegen den üblichen Traditionen gelebt hat und sehr weltoffen war. Es war aber wohl auch ein großer innerfamiliärer Kampf.«

»Ehrenmord, Zwangsheirat?«, sagte Jeanette mit ängstlicher Stimme. »Man liest ja so viel.«

»Nun mal nicht den Teufel an die Wand«, sagte Céline. »Leila ist jetzt siebenundzwanzig Jahre alt und weiß sich zu wehren. Wenn, dann wäre das vielleicht vor zehn, fünfzehn Jahren ein Thema gewesen«, versuchte Céline ihre Kollegin zu beruhigen. »Sonst noch etwas?«, fügte sie mit fragendem Blick zu Antoinette an.

»Ja. Noch ein bisschen was Privates. Bislang habe sie nur Pech mit Männern gehabt. Von den Männern war sie richtig enttäuscht. Große Liebesschwüre, aber letztlich sei es den Kerlen nur darum gegangen, mal mit einer ein bisschen exotisch aussehenden und damit für viele besonders erotischen Frau ins Bett zu gehen.«

»Wie sah denn Leila aus?«, wollte Lucien wissen.

»Wie sieht denn Leila aus?«, korrigierte Jeanette den Praktikanten mit einem strengen und strafenden Blick.

»Sehr gut, wenn ich einmal Alexandre zitieren darf«, sagte Antoinette.

»Was hat denn Alexandre damit zu tun?«, fragte Céline.

»Er hat mir einmal nach dem dritten Feierabendbier gestanden, dass die Kollegin Leila Laredj ihm schlaflose Nächte und erotische Träume bereiten würde«, antwortete Antoinette.

»Inwiefern?«

»Tolle Figur, schwarze, gelockte, schulterlange Haare, volle Lippen, eine fein gezeichnete Nase, hohe Wangenknochen, große schwarze mandelförmige Augen. Bildhübsch halt – hat er gesagt.«

»Dieser Chauvi. Sonst noch etwas?«, fragte Céline.

»Leila hat mir noch ein bisschen was über ihre Freizeitgestaltung erzählt. Sie macht berufsbegleitend eine Ausbildung zur Trainerin für Neurolinguistische Programmierung, sie geht regelmäßig, das heißt mindestens zweimal die Woche, in ein Fitnessstudio am Plage du Larvotto und sie engagiert sich ehrenamtlich in einem Hospiz.«

»Das ist doch schon mal einiges«, sagte Céline und leitete damit eine längere Pause ein.

»Ich weiß, wo Leila wohnt. Ich war auch schon einige Mal in ihrer Wohnung«, sagte Jeanette in die Stille hinein.

Céline und Antoinette schauten die gute Seele des Sekretariats erstaunt an. »Mensch, erzähl schon.«

»Leila hatte mich immer in ihren Urlauben gebeten, nach ihren Pflanzen zu schauen: gießen, düngen, verwelkte Blätter und Blüten entfernen, und ihren Briefkasten leeren.«

»Das heißt ja dann auch, dass Leila sonst niemanden hatte, den sie darum bitten konnte: Freunde, Nachbarn oder so«, meinte Antoinette.

»Wo und wie wohnt sie denn?«, fragte Céline.

»In Frankreich drüben. In Beaulieu-sur-Mer. In einem Mehrfamilienhaus der etwas höheren Kategorie. Eine schöne Zweizimmer-Dachgeschoss-Wohnung mit Balkon.«

»Gekauft oder gemietet?«

»Gekauft. Leila hat in ihrem Schreibtisch im Büro einen Ersatzschlüssel zu ihrer Wohnung liegen. Und sie hat mir einmal gesagt, wenn etwas passiere, dann solle ich den nehmen und nach ihren Blumen sehen.«

»Na, diese Situation ist ja jetzt eingetreten«, sagte Céline.

»Wir haben dort doch gar keine polizeilichen Befugnisse«, wendete Lucien ein.

»Wir gehen ja auch nicht als Polizisten, sondern als Freunde in die Wohnung. Antoinette, junger Mann, ihr zwei geht jetzt nach Hause. Jeanette und ich schauen uns in der Wohnung um.«

»Ich will mitkommen«, protestierte Antoinette.

»Ich auch«, sagte Lucien.

»Keine Diskussion. Ihr fahrt jetzt nach Hause. Wir sehen uns morgen früh«, beendete Céline das Gespräch.

Leilas Wohnung lag im Dachgeschoss der im Jahr 1999 gebauten, ökologisch ausgerichteten und sehr gepflegten Wohnanlage »Park-Residenz«. Diese bestand aus elf Eigentumswohnungen, die in zwei mit einer gemeinsamen Tiefgarage verbundenen Häusern auf einem ruhig gelegenen, großzügigen, parkähnlichen Grundstück mit altem Baumbestand und nur hundert Meter vom Ufer eines kleinen Flüsschens entfernt lag. Céline und Jeanette fuhren mit dem Fahrstuhl in das Dachgeschoss. Liegendtransport möglich, konnte Céline auf einem kleinen Schild unterhalb der Bedienungselemente lesen. Céline schloss die Tür auf.

Hinter der Wohnungstür lag ein kleiner Flur mit Garderobe und Wandschrank. Rechts hinten das Tageslichtbad, links eine kleine Küche mit Fenster zur Straße. Das Bad war aufgeräumt, die üblichen Fläschchen und Flakons schmückten die Ablage über dem Waschbecken. Es deutete nichts darauf hin, dass ein Kulturbeutel gepackt worden wäre. Nicht aufgeräumt war die Küche. Auf dem kleinen Bistrotisch standen noch zwei Kaffeebecher, zwei Teller, zwei Messer sowie Frühstücksbestandteile, die nicht unbedingt in den Kühlschrank mussten Bienenhonig, Vollkornbrot im Klarsichtbeutel. In der Glaskanne der klassischen Kaffeemaschine war noch ein Rest an aufgebrühtem Kaffee. Direkt gegenüber der Wohnungstür dann die Tür zum ebenso nicht aufgeräumten Wohnzimmer mit einem Balkon zur Straße. Auf dem gläsernen Tisch vor der roten ledernen Zweiercouch standen zwei noch bis auf einen kleinen

Rest geleerte Rotweingläser. Leicht rechts versetzt gegenüber der Wohnungstür der Eingang ins Schlafzimmer mit einer großen Glasfläche und Balkon nach hinten ins Grüne. Das große Bett, eine filigrane Konstruktion aus fingerdicken schmiedeeisernen schwarzen Stäben, war mit pastellfarbener Bettwäsche bezogen; die Decke lag vor dem Bett, das Betttuch war zerknautscht.

»Schicke Wohnung«, sagte Céline. »Was schätzt du? Wie groß wird die sein?«

»Leila hat es mir mal erzählt. Etwa siebzig Quadratmeter.«

»Was muss man für so etwas bezahlen?«

»Der Erstbezieher hat 1999 wohl 140.000 Euro gezahlt.«

»Und Leila? Wann ist die hier eingezogen?«

»Im letzten Jahr.«

»Was hat sie bezahlt?«

»130.000 Euro.«

»Würdest du eine Wohnung so verlassen?«, fragte Céline ihre Kollegin.

»Nein, würde ich sicher nicht.«

»Ich auch nicht. Aber würde Leila eine Wohnung so verlassen? Das ist die entscheidende Frage.«

»Ich kann das nicht ausschließen. In manchen Dingen war sie ziemlich unordentlich«, sagte Jeanette.

»Schau mal, was ich hier gefunden habe«, sagte Jeanette und hielt einen Stapel unterschiedlichster Papiere hoch.

»Was sind das für Zettel?«, fragte Céline.

»Ausgeschnittene Zeitungsartikel und Flugpläne.«

»Mein Gott, nun lass dir doch nicht alles aus der Nase ziehen. Zeitungsartikel wozu und Flugpläne mit welchem Ziel?«, hakte Céline nach.

»Über den Einsatz von Freiwilligen in der Freien Syrischen Armee, dem bewaffneten Arm der syrischen Oppositionsbewegung im Bürgerkrieg, und Flugverbindungen von Nizza über Paris nach Damaskus.«

»Kämpfen dort auch Frauen mit?«

»Ja, klar. Ich habe neulich eine Reportage im Auslandsjournal gesehen. Und außerdem, Leila ist ausgebildete Polizistin, die kann den Jungs dort unten, was das Schießen mit der Pistole und die Anwendung von Verteidigungstechniken anbelangt, noch etwas beibringen«, antwortete Antoinette.

»Hast Recht. Gut, hier können wir nichts mehr tun«, sagte Céline. »Gehen wir. Und du überprüfst die Passagierlisten darauf, ob Leila über Nizza das Land verlassen hat.«

»Guten Morgen, Madame«, begrüßte der etwa fünfzigjährige durchtrainierte Mann Céline Junot.

»Ich bin Capitaine Manuel Tourvel vom Geheimdienst.«

»Was kann ich für Sie tun?«

»Es geht um eine Ihrer Mitarbeiterinnen, Leila Laredj.«

»Ja, und?«

»Wir haben Hinweise darauf, dass sich Laredj der Freien Syrischen Armee anschließen will, dem bewaffneten Arm der syrischen Oppositionsbewegung im Bürgerkrieg.«

Céline brauchte einen Moment, um das Gehörte, obwohl es nicht ganz überraschend kam, zu verdauen.

»Ich muss Ihnen etwas sagen: Leila Laredj ist seit vier Tagen verschwunden. Sie hatte am Wochenende eigentlich Bereitschaftsdienst. Ich hätte sie Sonntag an einem Tatort gebraucht.«

»Sind Sie noch ganz bei Trost? Heute ist Mittwoch. Und Sie haben noch nichts unternommen?«

»Doch. Mit den uns zur Verfügung stehenden Mitteln. Ganz stillschweigend und im Hintergrund.«

»Das wird Konsequenzen für Sie haben, das verspreche ich Ihnen«, sagte ein wütender Capitaine Tourvel und ließ beim Hinausgehen die Tür laut ins Schloss knallen.

»Ist mit dir alles in Ordnung?«, fragte Jeanette Crasset, die das Zimmer ihrer Chefin betreten hatte, obwohl diese auf das Anklopfen nicht reagiert hatte, und die jetzt eine gedankenverloren vor sich hinschauende Céline Junot an ihrem Schreibtisch sitzend vorfand.

»Wie? Was ist? Ja. Alles gut. Entschuldigung. Was gibt es?«

»Ich habe hier eine E-Mail der Polizeiakademie bekommen, die ich nicht verstehe.«

»Worum geht es?«

»Die kündigen an, dass man für den nicht in Anspruch genommenen Fortbildungsplatz für Lieutenant Alexandre Bescond sehr wohl die Teilnahmegebühr, Kosten für Unterkunft und Verpflegung berechnen müsse, auch wenn der Teilnehmer wegen Krankheit verhindert sei und abgesagt habe.«

Céline brauchte nur einen ganz kurzen Moment, um diese Information zu verarbeiten, und schlug sich dann mit der flachen Hand gegen die eigene Stirn.

»Ich Idiot. Antoinette!«, schrie Céline über den Flur – und als diese das Büro ihrer Chefin betrat: »Was hast du mir gestern über Leila und Alexandre erzählt?«

»Er hat mir einmal nach dem dritten Feierabendbier gestanden, dass die Kollegin Leila Laredj ihm schlaflose Nächte und erotische Träume bereiten würde«, antwortete Antoinette. »Und auf deine Frage ‚Inwiefern?‘ habe ich geantwortet: ‚tolle

Figur, schwarze, gelockte, schulterlange Haare, volle Lippen, eine fein gezeichnete Nase, hohe Wangenknochen, große schwarze mandelförmige Augen. Bildhübsch halt – hat er gesagt.‘ Und dann hast du noch gesagt, ‚dieser Chauvi‘.«

»Ich glaube, ich weiß, wo Leila ist«, sagte Céline. »Komm, wir fahren zu Alexandre. Lucien, unseren Praktikanten, nehmen wir mit.«

Gerade, als die drei vor dem Appartementhaus vorfuhren, in dem Alexandre Bescond seine Wohnung hatte, verließ eine Bewohnerin das Haus. Blitzschnell verhinderte Lucien, dass die Eingangstür ins Schloss fiel und stellte seinen Fuß in die Tür.

»Gut gemacht«, lobte Céline.

»Habe ich im Fernsehen gesehen.«

»Zweiter Stock«, sagte Antoinette.

»Wir machen einen auf Überraschungsbesuch«, sagte Céline und klingelte an der Wohnungstür im zweiten Stock.

Nur kurze Zeit später wurde die Tür geöffnet und Alexandre stand sichtlich überrascht und sprachlos in grauer Jogginghose und T-Shirt bekleidet in der Tür.

»Ihr hier?«

»Ja, wir hier«, entgegnete Céline und ging zielgerichtet an dem überrumpelten Alexandre vorbei – Antoinette und Lucien kümmerten sich absprachegemäß um ihren männlichen Kollegen – ins Schlafzimmer, wo sie eine auf dem Rücken liegende, an den vier Ecken des Bettes fixierte und geknebelte Frau fand, die eine Kapuze über dem Kopf trug.

»Leila?«

Das Runde muss ins Eckige

Im letzten Saisonspiel im heimischen Fußballstadion Stade Louis II, dem Spitzenspiel gegen den tabellenzweiten Olympique Marseille, hatte der AS Monaco – bis dahin mit drei Punkten Vorsprung und einer um drei Tore besseren Tordifferenz die Tabelle anführende Titelverteidiger – vor heimischem Publikum 0:4 verloren. Damit war Marseille bei Punktgleichheit und weniger geschossenen Toren, aber dank der besseren Tordifferenz von einem einzigen Tor französischer Fußballmeister geworden. Die Enttäuschung war riesig. Bei den Spielern, beim Vorstand und natürlich bei den Fans. Insbesondere bei den monegassischen Ultras. Ja, auch die gab es in Monaco, auch wenn die Bevölkerungsstruktur dies nicht so erwarten ließ, eine kleine Gruppe besonders fanatischer Anhänger, die ihre Leidenschaft zum Verein mit Gesängen, Bengal- und Pyroaktionen sowie besonderen Choreografien zum Ausdruck brachten. Bei dieser Gruppe war der Begriff Enttäuschung kaum dazu geeignet, die tatsächlichen Emotionen zu beschreiben. Das war schon eher purer Hass. Hass auf die Spieler, insbesondere den eigenen Torwart Nicolás Bluwal, der mindestens drei der vier Tore hätte halten müssen, und vor allem auch Hass auf Stephane Girardot, den Stürmer. Girardot war Anfang der Saison für eine

Ablöse von sechzig Millionen Euro geholt worden und verdiente rund 100.000 Euro – nicht im Monat, sondern in der Woche. Und genau dieser Girardot hatte in der dritten und letzten Minute der angezeigten Nachspielzeit einen Elfmeter verschossen. Zwar platziert ins linke untere Eck, aber viel zu lässig und kraftlos, kein Problem für den Tormann von Marseille, den Ball zu halten. Hätte Girardot getroffen, wäre alles klar gewesen. Monaco wäre bei Punktgleichheit und gleicher Tordifferenz, aber aufgrund der mehr geschossenen Tore französischer Meister geworden. Auch Manuel Santos, den mexikanischen Stürmer von Olympique Marseille, der die vier Tore alleine gemacht hatte, hassten sie. Wobei, und das hielten die Monaco-Fans ihm schließlich auch zugute, der hatte ja nur seinen Job gemacht, und zwar einen sehr, sehr guten Job. Aber es gab auch Hass auf den Trainer Eric Deray, der es abgelehnt hatte, Santos in Manndeckung zu nehmen. Jedenfalls konnte nach dem Abpfiff die durch französische Bereitschaftspolizei verstärkte monegassische Polizei nur mit Mühe die Stürmung des Mannschaftsbusses des AS Monaco durch die aufgebrachte Menschenmenge verhindern.

Gegen elf Uhr kam Jean-Luc Malieu, der langjährige Platzwart des Vereins, am Morgen nach dem Spiel, einem Sonntagmorgen, auf den Platz. Im

Mittelkreis stehend, sah er sich noch einmal bei Tageslicht den Zustand des Spielfeldes an, um die notwendigen Schritte für die Regeneration des Rasens einzuleiten – da sah er am anderen Ende des Spielfeldes, dort, wo die einheimischen Fans ihre Plätze hatten, an der Latte des Torgehäuses in der linken oberen Torecke eine menschliche Gestalt hängen. Bei 2,44 Metern Höhe des Tores waren es von den abgesenkten Fußspitzen bis zur Torlinie noch etwa ein halber Meter. Soweit er das von seinem Standort aus beurteilen konnte, trug die Gestalt ein Heimtrikot des AS Monaco mit der Nr. neun – Nr. neun war die Nummer von Stéphane Girardot.

Ohne weitere Zeit zu verlieren und ohne in Richtung des Tores zu gehen, wählte Malieu auf seinem Handy die Nummer der Polizei und machte sich auf den Weg, das Stadiontor zu öffnen, damit die Fahrzeuge der Polizei und der Notarzt bis an den Tatort heranfahren konnten.

Nur etwa zehn Minuten nach dem ersten Streifenwagen trafen auch Céline Junot, die an dem Wochenende Bereitschaftsdienst hatte, und Gérard Deschamps von der Spurensicherung ein.

»Sie haben absolut korrekt gehandelt«, versuchte Céline den Platzwart zu beruhigen. »Schließlich konnten Sie vom Mittelkreis aus nicht erkennen, dass es sich nur um eine Schaufensterpuppe handelte, der man das Trikot mit der Nr. neun, Strümpfe und Fußballschuhe angezogen hatte, um diese dann an der Latte des Torgehäuses mit einem perfekten Henkersknoten aufzuhängen.«

Malieu war nicht zu beruhigen.

»Außerdem«, setzte Céline Junot fort, »nach dem, was Sie uns von dem gestrigen Spiel erzählt haben, und dem, was hier passiert ist, deutet einiges darauf hin, dass Stéphane Girardot in Gefahr ist.«

»Meinen Sie?«

»Absolut. Hätte er links oben getroffen, wäre Monaco doch jetzt Meister, oder? Etwas anderes: Ist es schwer, in den Innenbereich des Stadions zu kommen?«

»Nein. Wenn man ein bisschen sportlich ist, klettert man locker über den Zaun.«

»Danke«, und an Antoinette Ravel, ihre Kollegin, gewandt: »Hast du inzwischen die Anschrift von Girardot?«

»Ja«, sagte diese. »Stéphane Girardot hat eine Eigentumswohnung in der Mirabeau Residence in der Avenue des Citronniers direkt an der langsamsten Stelle des Kurses des Grand-Prix der Formel 1. Eine Penthouse-Wohnung.«

Sie klingelten Sturm bei Girardot. Anfangs an der Klingel am Hauseingang, später, nachdem sie sich

Einlass in das Haus verschafft hatten, im achtzehnten Stock direkt an seiner Wohnungstür. Keine Reaktion. Céline hatte den Polizeihubschrauber beauftragt, einmal eine Runde um das Penthouse zu drehen und zu versuchen, einen Einblick in die Wohnung zu bekommen.

»Positiv«, hatte der Pilot der kleinen zweisitzigen Maschine über Funk gemeldet. »Die Wohnung ist hell erleuchtet, alle Lampen sind an, und das am frühen Nachmittag. Und ...«, dann brach die Verbindung kurzfristig ab.

»Was hast du jetzt vor?«, fragte Jacques Tailleur, der inzwischen auch vor Ort war.

»Abwarten, bis der Pilot sich wieder meldet«, sagte Céline. Im gleichen Moment war die Stimme wieder zu hören.

»Und ich sehe Personen in dem Raum. Mindestens drei sehe ich. Einer davon sitzt in einem Sessel und wendet mir den Rücken zu. Niemand bewegt sich.«

»Wir gehen rein«, sagte Céline und brachte damit die Spezialkräfte ins Spiel. Eine Gruppe würde sich von einem weiteren Hubschrauber aus auf das Dach des Gebäudes beziehungsweise auf die Dachterrasse abseilen und von dort die Wohnung erstürmen. Die zweite Gruppe würde zeitgleich durch die Wohnungstür gehen.

Eine gute Viertelstunde später war alles vorbei. Es hatte einige extrem laute Explosionen und

Lichtblitze gegeben, welche die potenziellen Täter für den Bruchteil einer Sekunde reaktionsunfähig machen sollten, außerdem waren Blendgranaten geworfen worden. Sofort waren die Polizeikräfte in die Wohnung gegangen und hatten die Personen am Boden fixiert. Widerstand hatte es allerdings keinen gegeben. Alle vier Personen, allesamt Männer, waren völlig überrascht und offensichtlich nach einem gigantischen Alkoholexzess nicht mehr handlungsfähig gewesen.

»Kennt ihr die?«, fragte Céline in den Kreis der Kolleginnen und Kollegen hinein, nachdem sie die Wohnung betreten hatte.

»Klar«, sagte der Kommandoführer der Spezialeinheit, die die Wohnung gestürmt hatte. »Das hier«, und er deutete auf einen bulligen Typen, der reglos auf dem Boden saß und seinen Oberkörper gegen den Breitbandbildschirm gelehnt hatte, »das ist der Wohnungseigentümer Stéphane Girardot. Und der hier«, dabei tippte er mit der Fußspitze ganz leicht den direkt vor dem Kamin liegenden langen Zwei-Meter-Mann an, »das ist der Torwart des AS Monaco, Nicolás Bluwal. Und der ältere Herr hier, der es sich auf der Couch bequem gemacht hat, das ist der Trainer des Vereins, Eric Deray. Und der junge Mann hier, der im Sessel sitzt und den Kopf hängen lässt, das ist Manuel Santos vom neuen französischen Meister Olympique Marseille und vierfacher Torschütze des gestrigen Spieltages.«

»Du scherzt?«, sagte Céline zu dem Kommandoführer, der inzwischen seine Sturmhaube mit dem breiten Sehschlitz abgenommen hatte.

»Sehe ich so aus? Und warum sollte ich?«, antwortete dieser.

»Und was soll das denn alles?«, fragte Jacques.

»Also wenn ich mich hier umschaue, die Unmengen an Alkohol und die Kokainreste auf dem Glastisch sehe, die geöffneten Internetseiten großer Wettbüros und hier die Online-Wettscheine mit dem richtig getippten Endergebnis AS Monaco – Olympique Marseille 0:4 – dazu nehme, und dann noch eins und eins zusammenzähle, dann glaube ich, dass die vier hier das Spiel gestern Abend im ganz großen Stil verschoben haben«, sagte Céline.

»Und die aufgeknüpfte Schaufensterpuppe im Stadion?«

»Das Werk aufgebrachter Fans. Aber das muss uns nicht mehr interessieren. Für groben Unfug sind wir nicht zuständig.«

»Was ist es euch denn wert?«, sagte der ungepflegt wirkende, junge blonde Mann in der verschmutzten grauen Jogginghose. Das Exemplar, das er trug, erweckte nicht den Eindruck, eine jener Designerjogginghosen zu sein, die man spätestens seit dem offiziellen Tag der Jogginghose problemlos öffentlich und bei allen Gelegenheiten tragen konnte.

Von den Gästen des Café de Paris am Place du Casino, ein kleines Mineralwasser kostete hier sechs Euro, erntete er nur verächtliche Blicke. Einige trugen übrigens selbst eine Jogginghose.

»Na redet schon, was ist es euch wert? Was ist es euch wert, hier nichts tuend herumsitzen zu können? Was seid ihr bereit, mir zu geben?«

»Verschwinde, oder ich hole die Polizei«, sagte der herbeigeeilte Kellner in einem äußert unfreundlichen Ton und wandte sich mit einem zuckersüßen, unterwürfigen »Bitte um Entschuldigung« an seine Gäste, die die warme Mittagsonne genossen.

»Ihr seid mir doch eine asoziale und herzlose Brut. Ich bin Marius Bourzat. Auch wenn es im Moment für euch nicht so aussieht, ihr werdet noch von mir hören. Ich habe einfach nur Pech gehabt. Aber ich komme wieder«, sagte der Störer und verschwand in Richtung der Parkanlagen um das Casino.

An einem der Tische im Bistro saßen Céline Junot und Jacques Tailleur, gönnten sich nach einem leichten mediterranen Mittagessen einen Mokka und beobachten dabei auch den Medien- und Polizeiauflauf vor dem Hôtel de Paris, wo der Fürst offensichtlich einen Termin hatte. Eben noch hatte Jacques die Frage gestellt – eher rhetorisch, weil er von Céline keine Antwort erwartete –, warum denn wohl die Fürstenfamilie als offizielle Fahrzeuge die japanische Firma Lexus anderen Nobelmarken wie Bentley, Mercedes, Rolls Royce und wie sie alle hießen, vorziehe, als ihm Céline ins Wort fiel.

Dabei war das durchaus ein interessantes Thema. Für den Lexus USF40, das mit bis zu 445 PS motorisierte Flaggschiff der Reihe, konnte man fast 140.000 Euro ausgeben. Es sollte vor allem die Technik gewesen sein – wie man hörte, war der Fürst sehr technikbegeistert –, welche die Wahl auf Lexus hatte fallen lassen: der Gesichtsfeldmonitor zum Beispiel, eine auf der Lenksäule angebrachte Kamera, die bei Dunkelheit mit Infrarotunterstützung arbeitete und die Symmetrie des Gesichts des Fahrers überwachte. Wurde eine Unregelmäßigkeit festgestellt, weil der Fahrer beispielsweise aus dem Seitenfenster blickte oder beim gefährlichen Sekundenschlaf die Augen zu lange schloss, erfolgte eine Meldung an die Bordelektronik. Oder die Objekterkennung, die mit einem Millimeterwellenradar, einer Stereokamera und Infrarotprojektoren arbeitete und den Fahrbahnbereich vor und hinter dem Fahrzeug überwachte. Dann der Spurhalte-Assistent, der mittels der Stereokamera die Fahrbahnmarkierung überwachte und optisch und akustisch warnte, falls diese überfahren wurde, ohne dass der Blinker gesetzt wurde. Und als Krönung war eine selbstlenkende Einparkhilfe verfügbar. Durch einen Ultraschallsensor im Bereich der vorderen Stoßstange wurde eine Parklücke vermessen, dann durch die Heckkamera erfasst und nach Einlegen des Rückwärtsgangs auf einem Monitor angezeigt. Der Fahrer bestätigte diese Parklücke und konnte in diese einfahren, wobei die Lenkung selbstständig arbeitete.

Aber Céline schien das alles nicht besonders zu interessieren.

»Vielleicht stellt die Automarke dem Fürstenhaus den kompletten Fuhrpark kostenlos hin. Oder zahlt sogar noch etwas drauf«, antwortete sie ziemlich gelangweilt und wechselte das Thema. »Interessant, welchen Wandel die Jogginghose hinter sich hat. Früher war man entweder Hip-Hopper, Sozialhilfeempfänger oder Mafioso und hatte, so Karl Lagerfeld, ‚die Kontrolle über sein Leben verloren‘, und der Knigge-Rat wollte die liebevoll ‚Jogger' genannte Baumwollhose ausschließlich im Freizeitbereich sehen und keinesfalls in der Öffentlichkeit.«

»Und das ist heute nicht mehr so?«, fragte Jacques.

»Nein. Der heutige Jogginghosen-Träger ist tiefenentspannt und mit gesundem Selbstvertrauen ausgestattet. Mit businesstauglichen Modellen haben Modedesigner der Jogginghose, dem einstmaligen Albtraum mit Gummibund, ein neues Image verpasst. Vor allem in der Kreativbranche, wo Trends geboren werden, heben sich Individualisten gerne mit gewagten Outfits hervor. Und da die Jeans als Distinktionsmerkmal längst ausgedient hat, ist die Jogginghose gefragt. Man muss natürlich aufpassen. Die Balance zwischen Lässigkeit und Eleganz zu finden, wird zum Tanz auf dem Seil.«

»Du hast Sorgen.«

»Soll ich mir vielleicht Sorgen um Marius Bourzat machen?«, fragte Céline und knüpfte damit an das gerade beobachtete und gehörte Geschehen an.

»Irgendwie hat er ja recht«, antwortete Jacques. »Aber das werden wir heute nicht klären können. Was anderes – du wirst umziehen müssen.«

»Warum denn das?«, antwortete Céline in einem ziemlich aggressiven Tonfall. »Raus aus der Direction in La Condamine? Wer hat sich das denn schon wieder einfallen lassen? Wo soll ich denn hin?«

»Entscheidung des Colonel. Aber es wird dir gefallen. Da bin ich mir sicher.«

»Nun mach es nicht so spannend.«

»Schau mal nach rechts.«

»Das ist ja Wahnsinn«, entfuhr es Céline höchst erfreut. »In den kleinen Pavillon des Commissariats Monte Carlo? Gleich an der Avenue des Spélugues am Place du Casino?«

»Genau. Euch von der Mordkommission gehört die ganze obere Etage. Und da du ja inzwischen wieder Voll-Monegassin bist …«

»Und ich sage es euch noch einmal, ihr werdet von mir, von Marius Bourzat, noch hören.«

Der junge Mann war inzwischen wieder vor dem Café aufgetaucht, hielt seine Reden und lehnte sich provozierend gegen den Kotflügel eines dort geparkten, blitzblank polierten Rolls Royce. »Ich sage nur: Parcours Princess Grace und Median.«

»Verschwinde endlich, du Penner«, sagte der Chauffeur und – nahm man seinen Körperbau als weitere Informationsquelle hinzu – vermutlich auch der Bodyguard des im Café weilenden Rolls-Royce-Besitzers und schubste den schwächelnden jungen Mann auf die Fahrbahn. Dort erfasste ihn ein gelber Hummer – jene Geländewagen von General Motors, die die US-Army im Irak-Krieg genutzt hatte und die auch allgemein verkäuflich waren – mit überhöhter Geschwindigkeit und schleudert ihn schwer verletzt zu Boden.

Céline reagierte als erste, telefonierte mit dem Rettungsdienst und kniete sich dann neben den jungen Mann, der mit dem Tod rang.

»Parcours Princess Grace ... Median«, röchelte er, spuckte dabei viel Blut, zuckte noch einmal am ganzen Körper und ließ dann seinen Kopf kraftlos zur Seite fallen. Céline sah die Leere und die Starre der Augen eines Toten.

Natürlich wurde aufgrund dieses Vorfalls gegen den Chauffeur strafrechtlich wegen eines Tötungsdelikts ermittelt. All das wurde von Célines Kommissariat im Laufe des Nachmittags professionell und routinemäßig ohne große Probleme abgewickelt. Auch mit dem Fahrer des Hummer hatte man sich befasst und die notwendigen Ermittlungen gegen ihn eingeleitet. Schließlich war er viel zu schnell unterwegs gewesen. Mehr Sorgen bereiteten Céline die letzten Worte von Marius Bourzat: »Parcours Princess Grace ... Median.«

»Was wissen wir über Marius Bourzat?«, fragte Céline in die Runde in ihrem Büro, die heute aus dem Praktikanten Lucien Giano, Antoinette Ravel und Jeanette Crasset bestand.

»Polizeilich schon öfter in Erscheinung getreten. Immer im Zusammenhang mit politischen Aktionen: Hausfriedensbruch, Nötigung durch Sitzblockaden, Sachbeschädigung, Widerstand gegen Polizeibeamte, Verstoß gegen das Vermummungsverbot und und und ... Hat mehrmals versucht, eine linksradikale Gruppe zu etablieren mit der politischen Zielrichtung, aus Monaco Utopia zu machen. Jenes Staatsmodell von Thomas Morus, ein Staat voller Gerechtigkeit und Gleichheit. Natürlich wäre in einem derartigen Staat kein Platz mehr für ein Fürstenhaus«, wusste Antoinette zu berichten, die die polizeilichen Datensysteme befragt hatte.

»Wie finanziert der Kerl sich? Wovon lebt er?«

»Gelegenheitsjobs.«

»Könnten der Chauffeur und der Hummer-Fahrer etwas damit zu tun haben? Vielleicht war doch nicht alles so rein zufällig«, fragte Lucien.

»Unwahrscheinlich«, sagte Céline. »Das war doch nicht absehbar, dass Bourzat genau zu diesem Zeitpunkt und genau an dieser Stelle noch einmal auftaucht. Bourzat bringt uns im Moment nicht wirklich weiter. Was wissen wir über den Parcours Princess Grace?«

»Fünfundzwanzig ausgewählte Orte in Monaco zu Ehren der verstorbenen Landesmutter Gracia Patricia. Schautafeln vor Ort erinnern an ein konkretes Ereignis genau an diesem Ort. Halten das

Datum in Erinnerung, zeigen eine Fotografie mit der Fürstin von diesem Ereignis«, antworte Jeanette.

»Musee Océanographique, Place d'Armes mit dem Markt, Avenue John F. Kennedy, Casino Terraces, Jardin Exotique mit Kakteen aus Afrika und Lateinamerika, Avenue d'Ostende mit Villen aus dem 19. Jahrhundert ...«, sagte Lucien und fing an zu überlegen.

In die so entstandene kurze Pause klinkte sich dann Antoinette ein: »Quai Albert I am Port Hercule, Place de la Visitation mit dem Kunstmuseum, Cathédrale, Louis-II-Stadion, Jardin Japonaise, der Palast der Fürstenfamilie Palais Princier, Fort Antoine ...«

»Monte Carlo Sporting Club, Spélugues District mit dem Rainer-III-Auditorium, die Golden-Foot-Promenade mit den in Bronze gegossenen Fußabdrücken berühmter Fußballspieler neben dem Grimaldi-Forum und die Kirche von St. Dévote«, sagte Antoinette.

»Das bringt doch nichts, wenn wir die hier aufzählen«, sagte Céline.

Nach einer Pause von ein, zwei Minuten, in der betretenes Schweigen herrschte: »Gut, oder nicht gut. Beschäftigen wir uns also zunächst mit dem Begriff ‚Median'. Giano, deine Schulzeit liegt doch am kürzesten zurück.«

»Ich kenne den Begriff aus der Statistik. Der Median oder Zentralwert ist ein Mittelwert für Verteilungen in der Statistik. Der Median einer Auflistung von Zahlenwerten ist derjenige Wert, welcher an der mittleren Stelle steht, wenn man die Werte der Größe nach sortiert, er teilt also eine Liste von Werten in zwei Hälften. Man listet am besten alle Werte aufsteigend an, und wenn die Anzahl der Werte ungerade ist, ist die mittlere Zahl der Median.«

»Und wenn die Anzahl der Werte gerade ist?«, wollte Antoinette wissen.

»Da können wir uns ja später noch mit befassen«, unterbrach Céline. »Wichtiger ist jetzt: Gibt es einen Zusammenhang zwischen dem Parcours und einem Median?«

»Der Parcours ist doch durchnummeriert ...«, sagte Lucien.

»Natürlich. Super. Ich brauche eine offizielle Liste mit den Nummern der einzelnen Stationen auf dem Parcours Princess Grace«, sagte Céline. »Los, schnell.«

»Internet ist am schnellsten«, sagte Lucien und tippte auf seinem Smartphone herum. »Hier ist es. Fünfundzwanzig Stationen sind es.«

»Welche Zahl teilt die fünfundzwanzig aufgelisteten Stationen in der Mitte? Welche Zahl ist der Median einer Liste, die mit eins beginnt und mit fünfundzwanzig endet?«, fragte Céline.

»Die dreizehn«, antwortete Lucien.

»Und welche Station ist die dreizehn?«

»Die Kirche von Sainte Dévote in einer Seitenstraße der Avenue d'Ostende«, antwortete Lucien.

»Die Kirche der heiligen Dévote, der Schutzpatronin von Monaco, die Schutzseele der monegassischen Identität?«, fragte Antoinette dazwischen.

»Genau die«, antwortete der junge Praktikant.

»Dann haben wir zumindest schon einmal einen konkreten Ort«, sagte Céline. »Ich will wissen: Ist dort in der nächsten Zeit irgendetwas Besonderes geplant? Ein Konzert, ein Gottesdienst? Eine Trauung? Eine Taufe? Was auch immer. Los, macht hin. Die jährliche Verbrennung eines Fischerbootes am Abend eines jeden 26. Januars im Gedenken an die Heilige Dévoté kann es ja jetzt im Sommer nicht sein. Checkt auch die Terminkalender der Fürstenfamilie. In einer Stunde sehen wir uns hier wieder.«

»Und, was habt ihr?«, fragt Céline eine Stunde später in die Runde.

»Sainte Dévote ist wegen Bauarbeiten an der nahen Brücke seit zwei Wochen komplett eingerüstet und in weiße Folie gepackt, so wie von Christo und Jeanne-Claude als Verpackungsobjekt gewählt worden«, antwortete Antoinette. »Und das soll auch noch zwei weitere Wochen dauern.«

»Dann los. Auf nach Sainte Dévote ... und bestellt für alle Fälle mal einen Sprengstoffhund, einen Drogenspürhund und ein Spezialeinsatzkommando dorthin.«

Sainte Dévote lag in der späten Nachmittagssonne. Die weiße Plastikplane ließ die Umrisse der kleinen Kirche erahnen.

»Es gibt Einbruchsspuren«, sagte Gérard Deschamps von der Spurensicherung, den Antoinette auch informiert hatte. »An der rückwärtigen Seite, da, wo die kleine Tür ist, die direkt in die Sakristei führt, dort ist die Plastikhaut beschädigt und die Tür aufgebrochen.«

»Was schlagen Sie vor?«, fragte Céline den Kommandoführer der Spezialkräfte.

»So, wie das aussieht«, sagte dieser und hob seinen Blick von der vor ihm ausgefalteten Karte der Kirche, »haben wir für einen Überraschungszugriff keine Chance.«

»Und das heißt?«, hakte Céline nach.

»Wir schicken zwei Hunde rein und warten ab. Die Hunde würden eine Person sofort stellen und dies durch lautes Bellen signalisieren. Ist die Kirche aber menschenleer, kommen sie wieder raus.«

»Dann machen Sie das so«, beendete Céline die Lagebesprechung.

»Schickt die Hunde rein«, gab der Kommandoführer an die beiden Hundeführer das knappe Kommando.

Die Plastikplane schloss sich langsam hinter den eindringenden Hunden. In den folgenden Minuten herrschte eine angespannte Stille bei den Polizeibeamten vor Ort.

Lucien platzte fast vor innerer Anspannung.

»Was meinst du?«, fragte er Antoinette.

»Psst!«, wurde er von Céline angeblafft.

»Da, da sind die beiden wieder«, entfuhr es Antoinette und die Spannung löste sich.

»Auf, gehen wir rein«, sagte Céline. »Aber bleibt hinter den Kollegen vom SEK.«

»Da fehlen mir die Worte.« Céline war die erste, der es gelang, das erstaunte Schweigen zu brechen. Der gesamte Innenraum der Kirche war in einem strahlenden Weiß gehalten. Alles war weiß überstrichen. Mehr noch, die alten Farbschichten waren offenbar durch Säuren zerstört oder abgelaugt worden. Die kostbaren, goldfarbenen Inschriften, die Wandmalereien, das Deckenfresko und vor allem eine szenische Darstellung der Legende der jungen Christin Dévote. Diese wurde abgebildet, wie sie als Leichnam, auf einem Boot von der römischen Provinz Korsika kommend, nach einem Sturm im Tal der Gaumates an der Küste Monacos landete. Dévote war in Korsika als Christin festgenommen und gefoltert worden, sagte sich aber nicht von ihrem Glauben los, starb und sollte dort verbrannt werden. Getreue wollten sie nach Afrika bringen, um sie dort christlich zu beerdigen. Nach einem Sturm, so die Legende, entflog aus ihrem Mund eine Taube und leitete das Boot unbehindert bis nach Monaco. Erst im letzten Jahr war diese Malerei, die das gesamte Seitenschiff einnahm, aufwendig restauriert und in einem feierlichen Gottesdienst, an dem die gesamte Fürstenfamilie teilgenommen hatte, der Öffentlichkeit vorgestellt worden.

»Das ist ein Attentat auf den Staat. Ein Stich in Herz und Seele der monegassischen Identität«, sagte Céline. »Sainte Dévote wird im Fürstentum immer noch inbrünstig verehrt.«

»Und schaut mal hier, der Künstler hat sein Werk signiert«, sagte Gérard Deschamps, »Marius Bourzat.«

»Und was sollte das jetzt mit den geheimnisvollen Hinweisen auf die Kirche: Parcour Princess Grace und Median?«, fragte Lucien. »Warum hat der nicht einfach gesagt: Schaut in die Saint Dévote?«

»Teil einer Inszenierung? Letztlich werden wir das wohl nie erfahren«, antwortete Céline.

Grand Prix de Monaco

Es war das vorletzte Mai-Wochenende. Wie immer zu diesem Zeitpunkt war Monaco im Ausnahmezustand: Grand Prix der Formel 1. Erstmals in der Geschichte des Grand Prix, und das erklärte auch den besonderen Hype, hatte ein Ur-Monegasse die Chance, nach dem Rennen in der Fürstenloge mit den traditionellen Worten »Ich freue mich besonders, dass gerade Sie gewonnen haben« den begehrten Pokal aus den Händen des Fürsten zu bekommen. Dass man bei der Gelegenheit noch keinen Siegerchampagner verspritzen durfte, war zu ertragen. Wahl-Monegassen hatte es unter den Siegern schon einige gegeben, einen Ur-Monegassen dagegen noch nie. Bixente Gourichon, der Sohn des örtlichen Ferrari-Händlers, hatte über das Kart und die Formula Renault 3.5 Series, eine Vorstufe der Formel 1, den Weg in die Königsklasse gefunden und saß in dieser Saison erstmals in einem in England zusammengeschraubten Siegerauto mit französischem Motor.

Für den späten Samstagnachmittag war ein Oldtimer-Rennen vorgesehen. Unmittelbar davor hatte Gourichon die Qualifikation gewonnen und sich für das Rennen am folgenden Sonntag in Startreihe eins die Poleposition gesichert. Die Fürstenfamilie hatte die Türen zu ihrer »Collection des voitures anciennes«, etwa hundert Oldtimer, eine Sammlung des verstorbenen Fürst Rainer II, geöffnet und eines der begehrtesten und zugleich wertvollsten Stücke der Welt, einen roten 1967er Ferrari 275 GTB/4 NART Spyder, für eine Schaurunde zur Verfügung gestellt. Natürlich würde man mit dem Auto nicht an dem Oldtimer-Rennen teilnehmen. Die große Ehre, das kostbare Stück fahren zu dürfen, kam nicht – wie alle erwartet hatten – einem italienischen Ferrari-Piloten zu, sondern Bixente Gourichon.

Einer der vielen Vorteile von Célines neuem Dienstsitz im Poste de Police Monte Carlo am Place du Casino war die direkte Lage an der Formel-1-Rennstrecke. Logenplätze praktisch, für die anderenorts fünfstellige Summen gezahlt wurden. Der eine oder andere aus dem Bekannten- und Freundeskreis hatte auch schon einmal ganz unverblümt angefragt, aber da blieb Céline absolut korrekt. Dass die Mitarbeiterinnen und Mitarbeiter des Kommissariats an dem Rennwochenende komplett Dienst versahen, alte Akten aufarbeiteten, liegen gebliebenen Schriftverkehr erledigten, in ständiger Rufbereitschaft waren und dabei natürlich immer mal einen Blick auf die Rennstrecke werfen konnten, fand Céline hingegen in Ordnung. Sogar Gérard Deschamps von der Spurensicherung versah seinen Dienst vor Ort.

Der liebe Gott hatte es gut mit allen Beteiligten gemeint. Das Wetter war traumhaft. Typisch Côte d'Azur: strahlend blauer Sonnenschein. Etwa zwanzig Oldtimer, meistens chauffiert von ihren stolzen Besitzern, drehten ihre Runden und wurden begeistert beklatscht und reichlich fotografiert. In der Avenue d'Ostende verließ der 1967er Ferrari aus der fürstlichen Sammlung plötzlich die vorgesehene Strecke, bog in die Avenue de la Costa ein und ward fortan nicht mehr gesehen. Etwa zur gleichen Zeit fand der Masseur von Bixente Gourichon seinen Schützling mit eingeschlagenem Schädel in seinem am Quai Antoine 1er abgestellten Wohnmobil. Offensichtlich hatte ein anderer den Ferrari gefahren. In gleichem Overall, bei gleicher Figur und heruntergelassenem Visier des Integralhelms war das nicht aufgefallen.

»Gut, halt noch irgendein roter Ferrari, der geklaut wurde, wäre ja nicht der erste«, sagte Céline bei der ersten Besprechung.

»Das ist nicht irgendein roter Ferrari. Erstens ist er das Prunkstück der fürstlichen Oldtimer-Sammlung und zweitens, das hat mir der Direktor der Sammlung, Doktor Michel-Richard Navarre, erzählt, liege der Fürstenfamilie ein Kaufangebot eines milliardenschweren russischen Sammlers über 20,2 Millionen Euro vor, was diese aber abgelehnt habe«, korrigierte Gérard Deschamps die Kommissariatsleiterin.

»Mehr als zwanzig Millionen für einen Haufen Blech und Metall? Was macht das Auto so wertvoll?«, fragte Céline ungläubig.

»Es wurden nur zehn Exemplare davon überhaupt gefertigt, der Wagen ist topgepflegt und er kommt direkt vom Erstbesitzer, das reicht«, sagte Gérard.

»Jemand eine Idee zum Täter?«, fragte Céline, noch immer fassungslos ob des Wertes.

»Er muss in irgendeiner der vielen unterirdischen Garagen der Häuseranwesen in den Straßen der Stadtteile von La Condamine oder Moneghetti verschwunden sein. Der Berg ist doch wie ein Schweizer Käse«, meinte Antoinette.

»Ist in der Gegend nicht auch die Ferrarirepräsentanz von Gourichon Senior?«, wollte Céline wissen.

»Ja, und um deinem Vorschlag zuvorzukommen – da ist schon eine Streife vor Ort und schaut sich den Laden genauestes von oben bis unten an.«

»Was ist denn mit den Videokameras? Wir werden doch in der ganzen Welt für unsere lückenlose Videoüberwachung gerühmt«, fragte Céline.

»Stromausfall sowohl in La Condamine als auch in Moneghetti«, antwortete Gérard Deschamps und zuckte mit den Schultern.

»Zufall?«

»Sieht eher nach Sabotage an zwei Verteilerkästen in den Stadtteilen aus. Denn der Strom ging genau in dem Moment weg, als der Ferrari die vorgesehene Strecke verließ, und der Strom war etwa zehn Minuten später wieder da.«

»Kommt man denn daran?«

»Wenn man weiß, wo die Dinger stehen, und etwas Sachverstand hat, dann lässt sich so etwas schon bewerkstelligen.«

»Irgendwelche Augenzeugen?«, setzte Céline nach.

»Nichts. Es ist wie verhext. Niemandem ist ein roter 1967er Ferrari aufgefallen und keiner hat etwas Ungewöhnliches in der Nähe des Wohnmobils von Gourichon bemerkt. Und Spuren im Wohnmobil, die nicht irgendeiner konkreten Person zuzuordnen wären, gibt es auch nicht.«

»Lasst uns doch noch einmal auf den milliardenschweren russischen Ferrari-Sammler zurückkommen. Das ist doch mal ein Motiv«, sagte Céline. »Was wissen wir über den Mann?«

»Einiges«, antwortete Antoinette. »Er hat hier ein großes Anwesen, übrigens oben in Moneghetti, oberhalb des Boulevard du Jardin Exotique ...«

»Mit Tiefgarage?«, unterbrach Céline.

»Mit Tiefgarage. Und seine Yacht liegt im Hafen. Die größte, die Monaco im Moment aufzuweisen hat. Mit Helikopterlandeplatz und eigenem Helikopter natürlich.«

»Ist der Mann zurzeit im Land?«

»Nein. Das muss aber nichts bedeuten. Der würde den Ferrari ja nicht selbst klauen und, falls er dahinterstecken sollte, soviel Intelligenz, dass er sich ein bombensicheres Alibi besorgt hat, wird man ihm schon unterstellen können«, antwortete Antoinette. »Ich finde schon, dass wir uns einen Durchsuchungsbeschluss für sein Anwesen besorgen sollten.«

»Dann versuche mal dein Glück bei der Staatsanwaltschaft«, sagte Céline. »Und ich schaue mir mal die Oldtimer-Sammlung an – und du kommst mit«, sagte Céline zu Lucien gewandt.

»Sehr beeindruckend, die Sammlung«, sagte Céline zu Madame Paire.

»Ja, das kann man wohl sagen.« Die dienstälteste und eigentlich schon weit im ruhestandsfähigen Alter befindliche Mitarbeiterin des Museums, die gelegentlich noch im Museumsshop aushalf, hatte es sich nicht nehmen lassen, die Kommissariatsleiterin und den jungen Praktikanten durch das Museum zu führen.

»Tut mir leid, dass Doktor Navarre nicht hier ist. Aber es gab irgendeinen Notfall in seiner Familie.

Irgendetwas mit seinem Vater. Und deshalb ist er ganz plötzlich nach Frankreich rüber.«

»Er hätte die Führung sicher nicht besser machen können als Sie, Madame Paire. Wenn ich ehrlich bin, hat mir der eselsgraue Ur-2CV, eine der ersten gebauten Enten von Citroën, am besten gefallen. Ich habe nämlich jahrelang einen 2CV gefahren.«

»Nun ja«, antwortete Madame Paire, »die Geschmäcker sind halt verschieden.«

»Sie sind ja ziemlich gut gesichert«, sagte Lucien, der sich aufmerksam umgeschaut hatte. »Überall Videokameras und die unmittelbare Umgebung der Autos ist jeweils mit Bewegungsmeldern und Lichtschranken gesichert.«

»Sie sind ein guter Beobachter«, sagte Madame Paire anerkennend. »Aber nicht nur das, alle Fahrzeuge sind auch mit einem GPS-Sender ausgestattet, der nicht so einfach zu finden ist, und der, selbst wenn man ihn denn gefunden hat, nicht so einfach zu entfernen ist.«

»Wie bitte? Habe ich Sie da richtig verstanden: Jedes der Fahrzeuge in der Sammlung trägt einen GPS-Sender?«

»Ja.«

»Sagen Sie, Ihr Direktor, Doktor Navarre, wie würden Sie ihn beschreiben?«

»Wie meinen Sie das? Menschlich gesehen?«

»Nein. Entschuldigung. Ich habe mich unklar ausgedrückt. Wenn Sie eine Personenbeschreibung abgeben müssten.«

»Nun, Mitte vierzig, wobei, man sieht ihm sein Alter nicht an, eher schmächtig, drahtig, dunkle, halblange Haare. Kantige Gesichtszüge. Immer braun gebrannt. Ein bisschen so wie die Rennfahrer ... So wie Alain Delon in jungen Jahren «

»Wissen Sie, wo Doktor Navarre wohnt?«

»Ja, oben in La Condamine.«

Cheeseburger de Luxe

Grüne Baldachine über den bodenhohen Fenstern, auf die in dezenter weißer Schrift der Restaurantname geschrieben war – *ganz anders als sonst auf der gesamten weiten Welt üblich* –, waren das erste, was an dem Gebäude auffiel. Der gesamte Komplex mit der Postanschrift 11, Terrasses de Fontvieille in Monaco, war weiträumig von der Polizei abgesperrt. Touristen und Einheimische, die in der Fastfood-Kette wie gewohnt speisen wollten, wurden zurückgewiesen und trollten sich missmutig. Nur einer der Abgewiesenen schien nicht traurig zu sein. »6,90 Euro soll der Cheeseburger hier kosten, den können die sich sonst wo hinstecken«, sagte der junge Rucksacktourist und verließ den Platz vor dem Restaurant.

»Was haben wir denn?«, fragte Céline Junot ihren Mitarbeiter Marcel Sarde, der nach seinem Burnout inzwischen wieder voll Dienst versah und bereits gut zwei Stunden vor seiner Chefin am Tatort war.

»Der Filialleiter der Imbisskette hat uns heute Morgen angerufen, nachdem er gegen sechs Uhr das Restaurant durch den Hintereingang betreten hatte«, sagte Sarde mit einem abfälligen Unterton, »und dort die Beton- und Steintrümmer von einem Deckendurchbruch in das darüber gelegene Musée des Tibres et des Monnaies in seiner Küche hat liegen sehen.«

»Warum dieser Deckendurchbruch? Warum sind die Täter nicht durch Türen, durch Fenster oder über das Dach in das Museum für Briefmarken und Münzen?«, fragte Céline.

»Das Museum selbst ist gesichert wie Fort Knox«, und auf die irritierten Blicke von Jacques Tailleur, dem Leiter der Kriminalpolizei, der Céline begleitet hatte, »das ist dort, wo die Amerikaner ihre staatlichen Goldreserven aufbewahren.«

»Ah ja«, sagte Tailleur.

»Jedenfalls sind die Decke des Restaurants respektive der Boden des Museums die Schwachstellen – das hatte wohl einfach niemand bedacht.«

»Ich war ja noch nicht drin«, sagte Céline jetzt mit Bedauern, »aber ich habe gelesen, dort sollen Schätze in einem hohen zweistelligen Millionenbereich liegen. Von dem immateriellen Wert, die ersten Münzen, die ersten Briefmarken von Monaco, Einzelstücke, ein Stück Geschichte, gar nicht zu reden.«

»Das ist ja das Merkwürdige an diesem Fall«, sagte Sarde. »Die Museumsstücke sind mit Ausnahme einer einzigen Vitrine völlig unberührt.«

»Und was war in dieser Vitrine?«, wollte Céline wissen.

»Ein erster dreiteiliger Probedruck von Briefmarken der Fürstin, als diese noch ein Filmstar war, ein Liebesbeweis des damals um sie werbenden Fürsten«, antwortete Marcel Sarde.

»Wurde diese Briefmarke jemals offiziell eingeführt?«

»Nein. Sie soll auch so schon seinen Antrag angenommen haben und dann wurde direkt die Hochzeitsbriefmarke aufgelegt.«

»Welchen Wert haben die drei Briefmarken?« fragte Céline.

»Unbezahlbar«, antwortete Sarde, »habe ich einmal gelesen.«

»Aber doch nur in Sammlerkreisen. Für den offiziellen Kunstmarkt ist das nichts. Und ich denke, dass wir von einem Auftraggeber ausgehen können, der genau das bestellt hat«, sagte Céline.

»Denkst du an die gleiche Person, an die auch ich denke?«, fragte Sarde.

»Genau die«, antwortete Céline, und der werden wir auch einen Besuch abstatten, wenn wir hier fertig sind. – Gut, kannst du schon etwas sagen?«, fragte Céline ihren Kollegen von der Spurensicherung.

»Nicht viel Konkretes. Die haben mit schwerem Gerät gearbeitet. Ich schätze, in drei Stunden waren die durch die Decke durch. Und jede Menge Fingerabdrücke«, antwortete Gérard Deschamps.

»Sonst noch etwas?«

»Ja. Aus dem Büro des Filialleiters wurde ein Schmuckstück entwendet. Ein goldener, an einer

Halskette hängender, kleiner Cheeseburger, vielleicht eineinhalb Zentimeter im Durchmesser. Mit einem kleinen Diamanten. Materialwert etwa 10.000 Euro. Ein Werbegag des hiesigen Imbisses. In dem Verschlussdeckel eines einzigen McMurry AREA, den Schokokeksstückchen in Schoko-Vanille-Nuss-Sauce, ist dieses Schmuckstück abgebildet und der oder die Glückliche kann den Deckel gegen das Schmuckstück eintauschen. Die Aktion ist gerade gestern angelaufen.«

Das Anwesen von Stavros Konsaxidis, dem fünfundachtzigjährigen Reeder, lag auf einem 2.000 Quadratmeter großen Grundstück im Stadtteil Moneghetti. Bei den üblichen Quadratmeterpreisen in Monaco ein Grundstück von unermesslichem Wert. Im Hafen lag seine Yacht, die zu den größten gehörte, die jemals in Monaco festgemacht hatten. Natürlich hatte die Yacht auch einen eigenen Helikopter. Konsaxidis war einer der reichsten Männer der Welt, aber nach eigenem Bekunden auch einer der ärmsten – denn sein Traum von einem gemeinsamen Leben mit einer gleichaltrigen amerikanischen Schauspielerin war ihm versagt geblieben. So musste er sich bis zu ihrem frühen Tod damit begnügen, wenigstens in ihrer Nähe zu wohnen und eine der, nein, *die* umfangreichste Sammlung von Gegenständen zu und von seiner Angebeteten aufzubauen und zu besitzen. Es war für die Polizei nur naheliegend, dass auf der Suche nach den drei aus dem Museum entwendeten Briefmarken-Mustern Stavros Konsaxidis ganz oben auf der Liste der Verdächtigen stand. Nicht als Täter, aber als Auftraggeber.

Der Eingang des Anwesens ähnelte eher dem einer Strafvollzugsanstalt. Das ehemals kunstvolle schmiedeeiserne Tor war vor Jahren durch ein drei Meter hohes, grau lackiertes Metalltor ersetzt worden, welches elektrisch betrieben wurde. Den im Durchmesser etwa vier Meter messenden Pavillon im Jugendstil hatte man abgerissen und ein vollklimatisiertes, mit schusssicheren Scheiben versehenes Wachlokal errichtet, in dem rund um die Uhr ein Wachmann seinen Dienst versah.

»Bedauere sehr«, sagte Paulette Dussolier, die sich Céline und Marcel als Sekretärin des Hausherrn vorstellte. »Monsieur Konsaxidis ist schon seit einer Woche auf seiner Ranch in Texas.«

»Schönes Schmuckstück haben Sie da«, sagte Céline und deutete gleichzeitig auf den eigenartig geformten Anhänger an der Kette, die Madame Dussolier um ihren schlanken Hals trug.

»Ja, sieht ein bisschen aus wie ein Hamburger«, antwortete Paulette und musste lachen. »Ziemlich albern eigentlich. Aber ein Geschenk von einem Menschen, den ich sehr liebe. Ich habe es erst seit heute Morgen.«

»Darf ich fragen, von wem?«

»Monsieur Konsaxidis duldet ja eigentlich keine Beziehungen zwischen den Angestellten. Aber Grégory Benazeth und ich haben uns nun einmal ineinander verliebt. Grégory leitet den Sicherheitsdienst.«

La Rascasse

Der »Felsen«, wie die Monegassen ihr Reich nennen, würde förmlich beben, wenn der Artikel erscheinen würde. Normalerweise konnte er sich ein Essen hier nicht leisten. Mathieu Thovex, auf Honorarbasis schreibender freier Mitarbeiter des *monaco-nuit*, blätterte in der Speisekarte des Lokals *Rascasse*. Dieses Lokal war weltweit bekannt durch seine einzigartige Lage in der vorletzten Kurve des Hafengeschlängels der Formel-1-Strecke in Monaco. Während des Rennens konnten die Gäste dort das Rennen direkt an der Leitplanke und damit so nah wie nirgends sonst verfolgen. Doch es war nicht seine Preisklasse.

Sein Gastgeber, der ihn eingeladen hatte, war noch nicht da, doch war sich Thovex des guten Ausgangs des Gesprächs bereits gewiss: als bald festangestellter Redakteur bei *monaco-nuit* regelmäßig im *Rascasse* speisen können. Er warf schon einmal einen Blick in die Speisekarte und wunderte sich darüber, dass mit Ausnahme von ihm selbst kein einziger Gast in dem Lokal war.

Namensgeber für Lokal und Kurve gleichermaßen war der Chapon Rascasse, ‚Drachenkopf' oder auch ‚Meersau' genannt. Warum er diesen fürchterlichen Namen hatte, wurde Thovex spätestens dann klar, als er sich den Fisch in dem geschätzt 3.000 Liter fassenden Aquarium in dem

Lokal genauer anschaute: zwanzig bis dreißig Zentimeter groß, seitlich abgeflachter Körper, großer, mit Stacheln, Tentakeln und Hautlappen besetzter Kopf, in der Farbe flexibel, rot bis braun je nach dem Untergrund; Rücken- und Afterflosse besaßen Giftstachel, die der Fisch bei Gefahr aufstellte und dessen Gift für den Menschen gefährlich werden konnte.

Der Drachenkopf lebe, so konnte Thovex in der Speisekarte nachlesen, im Mittelmeer und Atlantik vom Senegal bis Biskaya, bevorzugt in felsigen Regionen. Er sei ein Bodenbewohner und tarne sich als Lauerfisch auf dem Meeresboden, wo er seine Beute – kleine Fische und Krebstiere – blitzschnell fange. Zubereitet sei er dann ein Genuss: weiches, rotfarbiges, aromatisches Fleisch, fachmännisch zubereitet, verstand sich, und die Giftstachel sollte man tunlichst nicht als Zahnstocher nutzen.

Durch Umstände, die hier keine Rolle spielten, war Thovex an ein Dokument gelangt, wonach eine wichtige Verfassungsänderung aus dem Jahr 2002 für rechtswidrig erklärt werden könnte. Diese Verfassungsänderung hatte zum Inhalt, dass bei fehlender männlicher Erblinie auch eine weibliche Erblinie die Regentschaft antreten könne. So war sichergestellt, dass Monaco nach dem Tod des letzten männlichen Fürsten aus der Dynastie eben nicht an Frankreich fallen würde. Frankreich könnte sich in diesem Fall dann richtig freuen. Sein Wissen teilte er seit einem Telefonat am gestrigen Abend mit dem Verleger und Herausgeber der *monaco-nuit*, Serche Brialy. Dieser hatte ihn dann nach einem Rückruf zwei Stunden später für den heutigen Mittag ins *Rascasse* eingeladen. Mit dem Plan, mit Thovex zu speisen und dabei das weitere Vorgehen zwecks des Artikels sowie Thovex' berufliche Entwicklungsmöglichkeiten in der Redaktion zu besprechen.

»Monsieur Thovex?«, sprach ihn ein schätzungsweise Anfang vierzigjähriger, voll durchtrainierter und gutgekleideter Mann an, der Thovex ein bisschen an einen der James-Bond-Darsteller erinnerte.

»Ja. Was gibt es?«

»Laurent Fellag ist mein Name. Monsieur Brialy hat mich gebeten, Ihnen Gesellschaft zu leisten. Er bittet um Entschuldigung.«

»Ja, aber, ich verstehe nicht ...«

»Alles in bester Ordnung«, unterbrach ihn der Fremde. »Keine Sorge. Ich bin im Bilde. Lassen Sie uns doch erst etwas essen. Ich habe mir erlaubt, schon einmal die Spezialität des Hauses, Drachenkopf, für uns beide zu bestellen.«

»Aber ...«, wollte Thovex einwenden.

»Ah, da kommt ja schon unser Rascasse.«

Mathieu Thovex öffnete die Augen. Sein Kopf brummte fürchterlich. Ihm war übel. Was er sah, erinnerte ihn an seine Blindarmoperation vor vielen Jahren und an das Aufwachen auf der Intensivstation. Es fiepte aus diesen großen Kästen, die über seinem Kopf hingen, im Rhythmus seines Herzschlages. Aus einer Infusionsflasche tropfte eine Flüssigkeit in einen durchsichtigen Schlauch, der in seiner Armvene endete. Über einen Nasenkatheter bekam er Sauerstoff zugeführt. Unbekannt war ihm hingegen das Gesicht einer geschätzt fünfzigjährigen Frau, in das er blickte.

»Hallo, ich bin Céline Junot von der Polizei«, sagte die Unbekannte und lächelte dabei ein wenig.

»Polizei? Was ist passiert?«, fragte Thovex.

»Sie sind bewusstlos am Terminal croisière, dort, wo die Kreuzfahrtschiffe für ein paar Stunden festmachen, aufgefunden worden. Wir gehen davon aus, dass Sie kurz vor Einlaufen des Schiffes dort abgelegt wurden. Man sollte Sie also finden. Der von der Schiffsmannschaft herbeigerufene Schiffsarzt hat sofort Symptome einer Vergiftung diagnostiziert und schon die richtigen Schritte eingeleitet, bevor der Notarzt da war. Das hat Ihnen das Leben gerettet. Woran können Sie sich denn erinnern?«, fragte Céline.

»Ich war im *Rascasse* essen ... die Spezialität des Hauses ... Drachenkopf.«

»Das würde passen. Vorbehaltlich weiterer Laboranalysen gehen wir im Moment von einer Vergiftung mit dem Gift des Rascasse aus. Zumal ein Giftstachel des Drachenkopfes in Ihrem Unterarm steckte. Aber unabhängig davon, gestern war Montag. Und montags hat das *Rascasse* immer Ruhetag. Schon seit ich denken kann«, antwortete Céline.

In dem Moment klopfe es und Schwester Sandrine kam mit einem riesigen Blumenstrauß in das Zimmer.

»Eigentlich haben wir ja keine Zeit, Blumenbote zu spielen. Und außerdem haben Blumen auf der Intensivstation auch nichts zu suchen«, sagte sie mit einer leichten Verärgerung in der Stimme. »Aber ich mache da einmal eine Ausnahme. Schließlich sind Sie ja heute Nacht nur ganz knapp dem Tod von der Schippe gesprungen«, fügte Schwester Sandrine hinzu, und ihre Stimme war schon wieder richtig freundlich. »Hier ist auch eine Karte dabei«, sagte sie und überreichte ihrem Patienten einen mintgrünen Umschlag.

»Wer schickt mir denn Blumen? Wer weiß denn, dass ich hier bin?«, fragte Thovex.

Céline ergriff den Umschlag mit einem Papiertaschentuch – »wegen der Fingerabdrücke«, sagte sie –, öffnete ihre Handtasche und entnahm dieser ein kleines Taschenmesser, an dem sich auch eine Art Pinzette befand.

»Sie erlauben doch?«, fragte Céline, und noch bevor Thovex antworten konnte, hatte sie mit der Messerklinge den Briefumschlag geöffnet und mit der Pinzette die darin liegende Karte herausgeholt.

»Und, von wem sind die Blumen? Was steht auf der Karte?« Thovex war richtig ungeduldig. »Was ist denn jetzt? Reden Sie schon.« Doch Céline nahm sich alle Zeit der Welt, runzelte die Stirn, kramte in ihrer Handtasche nach ihrem Smartphone und wählte jemanden an.

»Ja, hallo, macht mal eine Personenüberprüfung«, sagte Céline und buchstabierte den Vor- und Nachnamen eines Mannes.

»Was sagst du? Den kennen unsere Datensysteme nicht? ... Gut, dann kann man nichts machen«, sagte Céline nach einer Weile ein wenig resignierend und legte mit Druck auf die rote Taste ihres Smartphones auf.

»Also«, begann sie langsam, »die Karte ist unterzeichnet von einem gewissen Laurent Fellag ...«

»Mit dem habe ich im *Rascasse* gegessen«, unterbrach Thovex ganz aufgeregt.

»... von einem gewissen Laurent Fellag«, griff Céline den Faden wieder auf, »der Ihnen gute Genesungswünsche übermittelt, aber Sie gleichzeitig ermahnt, die Finger von dem geplanten Zeitungsartikel zu lassen. Anderenfalls würden Sie das nächste Mal nicht mehr gerettet werden können.

Seine Auftraggeber würden eine unblutige Lösung vorziehen, schließlich sei man ja auch ein bisschen dem Rechtsstaat verpflichtet, und einer Karriere als festangestellter Redakteur stünde – würden Sie sich an diese Vereinbarung halten – auch so nichts im Wege.«

Mathieu Thovex schwieg und schien angestrengt nachzudenken.

»Monsieur Thovex, was für ein Zeitungsartikel? Welche Auftraggeber? Karriere wo? Reden Sie!«, bohrte Céline.

»Fragen Sie Monsieur Fellag.«

»Einen Laurent Fellag kennen unsere Meldesysteme nicht. Wie sieht Fellag aus? Beschreiben Sie ihn. Gibt es noch andere Namen? Mann, reden Sie.«

Thovex schwieg eisern.

Wieder griff Céline nach ihrem Smartphone und ließ sich über die Auskunft mit dem *Rascasse* verbinden.

»Das ist aber merkwürdig«, sagte der Restaurantbesitzer irritiert. »Gerade habe man die Polizei anrufen wollen. Im Restaurant sei eingebrochen worden. Nein, gestohlen worden sei nichts, aber die Küche sei offensichtlich benutzt worden, die Spülmaschine angestellt, und in dem am Sonntagabend geleerten Abfalleimer habe er die Reste eines Drachenkopfes mit den dazugehörigen Beilagen für zwei Personen gefunden.«

»Lassen Sie alles so, wie Sie es vorgefunden haben. Wir sind gleich bei Ihnen.«

Nachdem Céline das Gespräch beendet und die Spurensicherung zum *Rascasse* beordert hatte, klingelte Thovex nach der Schwester. Als diese wenige Momente später die Tür öffnete und das Zimmer betrat, sagte er zu ihr: »Schwester Sandrine, mir geht es nicht gut, ich bin müde, ich möchte schlafen ... bitte« und wandte gleichzeitig sein Gesicht anklagend in Richtung Céline Junot. »Bitte, Madame. Ich muss Sie bitten, das Zimmer zu verlassen. Die Ruhe des Patienten hat absoluten Vorrang. Ich kann auch den Arzt holen. Und dann gibt es Ärger.«

Mathieu Thovex hatte sich inzwischen im Bett umgedreht, der Kommissarin den Rücken zugewandt und dachte an seine Karriere als festangestellter Redakteur bei *monaco-nuit*. Er würde schweigen. Ewig und dauerhaft. Künftig im *Rascasse* zu essen, wollte er im Moment nicht gänzlich ausschließen. Sicher aber war, dass er dort niemals wieder die Spezialität des Hauses bestellen würde ... Rascasse, den Drachenkopf.

Rien ne va plus

»Dieser eitle Gockel«, dachte ich, als ich im Pool auf dem Rücken schwimmend meinen Mann am Beckenrand in der viel zu eng geschnittenen schwarzen Badehose seine morgendlichen Yoga- und Aikido-Trockenübungen machen sah.

»So ein bisschen mehr könnte sie ja ruhig aus sich machen«, dachte ich, als ich am Beckenrand stehend meine morgendlichen Übungen absolvierte und meiner Frau dabei zusah, wie sie im Pool auf dem Rücken schwimmend ihre morgendlichen Bahnen zog.

»Die Fotosession vorhin. Grausam. Führt sich auf, mein Mann, als sei er Helmut Newton und fotografiere für die Vogue. Und das alles mit seiner Billigkamera, mit der jeder Trottel passable Bilder machen kann. 'Nimm den Kopf zurück, falte die Hände hinter dem Kopf, zieh deinen Bauch ein, versuch deine Brust zu heben, du musst mal wieder die Haare unter deinen Achseln und an den Beine entfernen, schlage deine Beine übereinander, stell den einen Fuß seitlich schräg weg, du könntest mehr für deinen Körper tun, nimm deine Strähne aus dem Gesicht, lächle, leg das Haar hinter das Ohr.' Diese ewigen Kommandos – nicht zum Aushalten. Und ich bin auch nicht Heidi

Klum. Und dann musste ich ihn fotografieren. Posiert vor der Kamera, als sei er Bruce Lee in *Die Todeskralle schlägt wieder zu*. Einfach lächerlich.«

»Sie weiß gar nicht, was sie an mir hat. Würde ich nicht ein wenig auf sie achten, sie würde rumlaufen wie Aschenputtel. Und dann dieses arrogante abfällige Grinsen über meine Übungen. Schließlich halte ich mich ja auch für sie fit.«

»Madame«, sagte Jérôme, einer dieser jungen, gut aussehenden französischen Kellner im SPA-Bereich auf der Dachterrasse des Fünf-Sterne-Hotels, »haben Sie noch einen Wunsch? Kann ich Ihnen noch etwas bringen?« Und das Ganze in einem Ton und mit einem Blick, der deutlich über das Interesse eines Dienstleisters in der Gastronomie hinausging.

»Wenn ich mir jetzt noch einen Cocktail bestelle und Jérôme bitte, mir meinen Bademantel zu reichen, vielleicht sogar ihn bitte, mir hineinzuhelfen, ich ihn dabei wie zufällig berühre, dann platzt mein Mann«, dachte ich.

»Monsieur Caradeux«, rief Élodie, die Fitnesstrainerin, als sie frische Handtücher an den Pool brachte. »Das ist aber schön, Sie wieder bei uns zu sehen. Aber sagen Sie mal, Sie enttäuschen mich doch ein bisschen. Sie sind wieder Gast in unserem Haus und haben noch nicht bei mir im Fitnessbereich reingeschaut? Wir haben ganz neue Geräte bekommen. Darunter auch ein Ruderergometer. Ich zeige sie Ihnen gerne.«

»Ach, Élodie«, dachte ich. »Was für eine Frau. Hätte meine Frau Louise doch nur ein bisschen was von ihrem durchtrainierten Körper, von ihrem Sinn für Körperästhetik und ein bisschen was von der Bewunderung im Blick, mit der Élodie mich immer anschaut.«

»Kennst du die beiden?«, fragte Jérôme, der erst seit ein paar Tagen im Hotel arbeitete, seine Kollegin Élodie, nachdem das Paar den SPA-Bereich verlassen hatte.

»Ja, klar. Das sind Madame und Monsieur Caradeux. Louise und Guillaume Caradeux. Stammgäste aus Toulouse. Kommen seit vielen Jahren viermal im Jahr für ein verlängertes Wochenende. Anreise Donnerstagabend. Abreise Sonntagmittag.«

»Kennst du die beiden näher?«

»Nur ihn. Er nutzt unseren Fitnessbereich ziemlich regelmäßig, wenn die beiden im Haus sind, und er gibt gute Trinkgelder. Ich finde ihn ja irgendwie süß. So schüchtern. Er schaut mich immer voller Bewunderung an, versucht immer mal, einen Blick zu erhaschen: in mein Dekolleté, unter meinen kurzen Kittel. Aber seine Hände behält er immer bei sich. Und er ist auch viel zu schüchtern, um mit mir zu flirten. Ich habe auch schon öfter daran gedacht, ihn einmal nach allen Regeln der Kunst zu verführen. Direkt auf einer Hantelbank. Ich könnte mir vorstellen, dass ihm das gefällt, dass er insgeheim davon träumt. Würde mich schon mal interessieren, was passiert.«

»Du hast vielleicht eine Fantasie. Und Madame Caradeux?«

»Keine Ahnung. Interessiert mich aber auch nicht.«

»Womit macht er sein Geld?«

»Er ist im Management bei Airbus in Toulouse.«

»Jurist, Betriebswirt oder Ingenieur?«

»Letzteres.«

»Und was machen die viermal im Jahr hier?«

»Was macht man schon in Monte Carlo, wenn man regelmäßig, fast schon suchtartig hierherkommt?«

Jérôme schaute Élodie fragend an.

»Na, die gehen ins Casino. Und was macht man da? Richtig. Spielen.«

»Erfolgreich?«

»Scheint so. Die Casino-Verwaltung soll sich schon bei uns im Hotel nach ihm erkundigt haben und darum gebeten haben, ihr doch bitte sein Kommen künftig zu avisieren.«

»Hast du mal daran gedacht, dir ein Stück vom Kuchen zu nehmen?«, fragte Jérôme und ließ Zeige- und Mittelfinger seiner rechten Hand von Élodies linker Schulter über ihren Oberarm, die Innenseite des Ellenbogens und den Unterarm zärtlich bis zur Handinnenfläche gleiten.

»Wie stellst du dir das vor?«, fragte Élodie und ließ sich die kleine Streicheleinheit gefallen.

»Du machst dich an ihn ran und ich kümmere mich um die Frau. Ich denke, ich habe Chancen.«

»Du meinst ...?«

»Genau, ich meine. Du ziehst die Sache mit der Hantelbank durch. Dann weißt du auch, was passiert. Und wenn er unter dir so dahinschmilzt, dann fragst du ihn.«

»Und du?«

»Während du mit ihm das Fitnessprogramm durchziehst, besuche ich Madame. Die ist so voller Verlangen, dass ich mir vorstellen könnte, wir gehen sofort in die Wäschekammer auf dem Hotelflur.«

»Mon dieu. Probieren wir es.«

»Und wie lief es?«, fragte Jérôme am nächsten Tag in der Mittagspause.

»Es war einfacher, als ich dachte«, antwortete Élodie. »Ich hatte besonders heiße Klamotten an.

Ich habe ihm gesagt, wie sehr er mich anzieht, ich sein gepflegtes Äußeres, sein charmantes und immer korrektes Verhalten schätze. Und da hat er mir seine Liebe gestanden. Und dann ging es ganz schnell.«

»Und, hast du etwas erfahren?«

»Ja. Sie nutzen einen Softwarefehler in den Spielautomaten. Ein Studienfreund von ihm arbeitet bei dem einzigen französischen Gerätehersteller. Von ihm kommen die Tipps, Monsieur Guillaume zieht das im Casino durch und jeder erhält dafür seinen Anteil.«

»Wie läuft das ab?«

»Man wirft Geld ein, wählt ein bestimmtes Spiel, drückt einen bestimmten Button, wählt eine bestimmte Farbe und setzt einen bestimmten Betrag, zieht den Einsatz auf dem Touchscreen zu einem bestimmten Feld und drückt gleichzeitig die Geldrückgabetaste. Dann noch ein paar gedrückte Tasten, in einer bestimmten Reihenfolge – und jetzt geschieht das Wunder: Unabhängig von den gefallenen Zahlen ist man Gewinner und bekommt jedes Mal einen bestimmten Betrag ausgezahlt.«

»Und weißt du auch, was sich jeweils hinter der Variable *bestimmtes* und *bestimmter* verbirgt?«

»Nein, das hat er mir nicht verraten. Und wie lief es bei dir?«

»Wir waren in der Wäschekammer.«

»Und?«

»Wie ich es erwartet hatte. Viel erfahren habe ich allerdings nicht. Louise hat mir nachher etwas von einem Systemspiel erzählt, und dass man sehr maßvoll agiere, um es nicht zu übertreiben, um nicht allzu sehr aufzufallen. Ich glaube, wie es genau funktioniert, weiß sie gar nicht.«

»Ist bei ihr dir gegenüber auch Liebe im Spiel?«

»Nein, ich denke nicht. Nur Sex.«

»Ich finde, unsere neue Partnerschaft ist ziemlich ungleichgewichtig. Wenn ich sehe, was ich einbringe, und was du einbringst, dann stimmt das Verhältnis nicht«, sagte Élodie und schaute Jérôme provozierend an.

»Gib mir noch ein bisschen Zeit«, antwortete Jérôme. »Und du kannst ja auch noch einmal versuchen, die konkreten Muster zu erfragen.«

»Allzu viel Zeit haben wir aber nicht mehr«, sagte Élodie. »Es ist jetzt Samstagnachmittag. Morgen Mittag reist das Ehepaar Caradeux ab und kommt erst in einem Vierteljahr wieder.«

»Was war das für ein Vormittag«, dachte ich, als wir am Samstagnachmittag jeder auf seiner eigenen Liege auf dem Balkon unseres Zimmers mit Meerblick in der Sonne lagen. »Meine Frau Louise liegt neben mir und scheint zu schlafen. Es war so, wie ich es mir immer erträumt hatte. Ich lag auf der Hantelbank, machte Gewichtdrücken und da kam sie, Élodie, zu mir und begann eine Unterhaltung, die ich so von mir aus nie mit ihr zu führen gewagt hätte. Minuten später hatten wir uns unserer Sportbekleidung entledigt und liebten uns auf der Hantelbank – so intensiv habe ich noch nie in meinem Leben geliebt.«

»Was war das für ein Vormittag«, dachte ich, als wir nachmittags jeder auf seiner eigenen Liege auf dem Balkon unseres Zimmers mit Meerblick in der Sonne lagen. »Mein Mann Guillaume liegt neben mir und scheint zu schlafen. Ich hatte immer versucht, mir vorzustellen, wie es vielleicht sein könnte, so eine kleine Affäre mit Jérôme. Und dann durfte ich es am eigenen Körper spüren. Guillaume war zu seinem morgendlichen Fitnesstraining gegangen. Gut zwei Stunden würde er weg sein. Ich wollte währenddessen in der hoteleigenen Passage ein bisschen shoppen gehen und hatte auf das morgendliche Bad im Pool verzichtet. Kaum hatte Guillaume unser Hotelzimmer verlassen, klopfte es und Jérôme stand vor der Tür. Er verlor nicht viele Worte, zog mich noch in der Tür stehend in den Arm, küsste mich leidenschaftlich und wies auf die gegenüberliegende, offenstehende Wäschekammer, in der wir uns dann hemmungslos liebten.«

»War doch wieder ein schönes Wochenende«, sagte Guillaume zu seiner Frau Louise.

Louise nickte.

»Soll ich dir etwas aus der Minibar mitbringen?«

»Ja, bitte. Ein Wasser. Und der Samstagabend liegt noch vor uns«, antwortete Louise.

»Und der Sonntagvormittag auch«, dachten beide. Sie dachten an etwas Ähnliches.

»Ich würde dann morgen auch auf meine morgendlichen Bahnen im Schwimmbad verzichten und lieber das Vormittagskonzert im Casinopark besuchen«, sagte Louise und dachte an die Wäschekammer.

»Und ich würde dann vor der Abreise noch einmal in den Fitnessraum gehen«, sagte Guillaume und dachte an die Hantelbank.

»Hat es nicht gerade an der Tür geklopft?«

»Ich habe nichts gehört.«

»Doch, ich bin mir sicher. Schau doch mal nach.«

»Monsieur Caradeux? Guillaume Caradeux?«, fragte eine Frau den Mann, der ihr gerade auf das Klopfen hin die Hotelzimmertür geöffnet hatte. Sie war in Begleitung zweier Herren, einer davon in Uniform

»Ja?«

»Ich bin Céline Junot. Kriminalpolizei Monaco. Das sind Monsieur Sarde und Brigadier Verne. Dürfen wir reinkommen?«

Ohne eine Antwort des überraschten Caradeux abzuwarten, ging Céline mit den beiden Polizeibeamten im Gefolge durch den schmalen Flur in das angrenzende Hotelzimmer.

»Und Sie sind Louise Caradeux?«, fragte Céline die Frau, die gerade vom Balkon kommend das Zimmer betrat und noch damit beschäftigt war, einen Bademantel anzuziehen.

Madame Caradeux nickte.

»Ich habe einen Haftbefehl gegen Sie beide wegen fortgesetzten Computerbetrugs.«

»Warum musst du denn als Leiterin der Mordkommission da ran?« fragte Marcel Sarde später im Büro seine Chefin.

»Ich bin als stellvertretende Leiterin der Kriminalpolizei tätig geworden, Jacques Tailleur ist nach seiner Krebsoperation noch krankgeschrieben. Der Colonel hatte mich gebeten: ein delikater Fall, das Casino sei beteiligt, Europol habe die Finger mit drin, die vorliegenden Beweise seien, vorsichtig ausgedrückt, unter nicht ganz unproblematischen Bedingungen erhoben worden. Fingerspitzengefühl sei gefordert. Gleich wirst du mehr erfahren. Ich erwarte interessanten Besuch.« Und schon klopfte es an Célines Tür.

»Jérôme Barillé – Detektivbüro Foucher & Lemercier, Paris«, las Céline auf der Visitenkarte, die ihr der gut aussehende und charmante Besucher mit einem Lächeln überreichte.

Autorenportrait

Hermann Henn – ist ein Pseudonym. Eigentlich heißt er Hans Schneider. 'Henns Hermann sein Jung' – so nannten die alten Leute ihn in seiner Kindheit in einem Ort mit langer Bergbautradition, wenn sie über ihn sprachen. Seine Großmutter väterlicherseits war eine geborene Henn. Sein Vater hieß Hermann. Ihn nannte man im Ort Henns Hermann ... und was lag da näher, als den Sohn einfach 'Henns Hermann sein Jung' zu nennen.

Dr. Hans Schneider, Jahrgang 1959, ist verheiratet, lebt in Fernwald bei Gießen, arbeitet als Professor für Sozialwissenschaften in der Polizeiausbildung und schreibt seit 2010 Kriminalromane.

E-Mail: hermann_henn@web.de
Internet: www.hermann-henn.de